Für Ralf, Selina und Ronja,

die oft auf mich verzichten mussten
und mich dennoch unerlässlich verwöhnt
und unterstützt haben

für Mama und Papa,

die mir Inspiration, Quell und
Erinnerung sind

für Izabella, Evelyn und Nina

die mir Anstoß und
immer wieder Mut gegeben haben

für Tanja und Nicola,

die beste Redakteurin und
die beste Lektorin ever!

dem wundervollen moses-Verlag
und allen tollen Menschen,

die diesem Buch
auf die Welt geholfen haben.

Danke!

...und im Grunde ist sowieso alles Magie!

Alberta

ALBERTA KIEL
Basically it's magic
DAS GROßE
TAROT-HANDBUCH
moses.

IMPRESSUM

moses. Verlag GmbH
Arnoldstraße 13d
D-47906 Kempen
www.moses-verlag.de

ISBN 978-3-96455-298-3

Idee, Text, Illustrationen & Design:
Alberta Kiel
Lektorat: Nicola Berger
Redaktion: Tanja Mues

Printed in Poland.

Druckprodukt mit finanziellem
Klimabeitrag
ClimatePartner.com/14161-2001-1001

FSC
www.fsc.org
MIX
Papier | Fördert gute Waldnutzung
FSC® C018236

LASS UNS KARTEN LEGEN!

Mein Name ist Alberta Kiel, ich lebe und arbeite als Produktdesignerin und Illustratorin in Köln und gestalte schöne Dinge für Kinder, junge Erwachsene und die ‚Young at Heart' Gebliebenen. Dazu gehören Papeterie- und Lifestyle-Produkte, Textilien und Tapeten, Kinderspielzeug und die Illustration von Büchern. Schon seit meiner Kindheit bin ich fasziniert von allem Magischen, Mystischen und nicht ganz (Be-)Greifbaren. Wir Kinder durften im Bauerngarten der Großeltern im ländlichen Vorgebirge ‚Hexenküche' mit alten Tontöpfen spielen. Meine Oma erzählte auch wunderschön über Engel, Elfen und Feen und schenkte mir irgendwann ein Buch über deren Wirken. Spirituelles wie die Rauhnächte im Advent, Orakeln und Kartenlegen zu bestimmten Anlässen wie Jahreswechsel, Geburtstage oder in sorgenvollen Zeiten, die Mondphasen bei der Gartenarbeit zu nutzen oder eine geweihte Kerze bei Gewitter zu entzünden – all dies waren feste Bestandteile unseres Familienalltags. Während eines Camping-Trips im Sommer sah ich dann abends drei Frauen auf einem Strandtuch in den Dünen am Ostseestrand sitzen, die bei Kerzenschein Tarotkarten legten. Das hat mich dazu inspiriert, endlich selbst Tarotkarten zu gestalten. Meine erste Karte, ‚Der Wagen', die Magische 7 im Tarot, zeichnete ich noch am selben Abend – aus einem spontanen Impuls heraus:

DIE IDEE FÜR BASICALLY IT'S MAGIC WAR GEBOREN!

Inhaltsverzeichnis

Los geht's!

Wozu sind Tarotkarten gut und was können sie?

Viele Menschen verbinden Tarotkarten mit Wahrsagerei oder Ähnlichem. Dabei vermögen die Karten im Grunde etwas ganz anderes, das mit Esoterik eigentlich nichts zu tun hat: Die Bilderwelten der einzelnen Karten helfen dir, mit deinem Unterbewusstsein zu kommunizieren und eine Verbindung zu deiner Intuition herzustellen. Sie holen verborgene Gedanken, Emotionen und Aspekte deiner Persönlichkeit ans Tageslicht und helfen dir, ein tieferes Verständnis deiner selbst und der Welt um dich herum zu erlangen.

Du kannst die Tarotkarten auch als Leitfaden für Entscheidungen nutzen. Sie zeigen dir alternative Wege auf oder unterstützen dich in schwierigen Situationen, in denen dir Klarheit und Reflexion fehlt. Ein Tarot-Reading kann dir eine Übersicht über deine aktuelle Situation verschaffen und dir helfen, neue Perspektiven und Handlungsoptionen zu entdecken, dein Potenzial zu erkennen und dir so innere Ruhe geben.

Wie ist ein Tarot-Kartenset aufgebaut und welche Bedeutung haben die Karten?

Tarotkarten bestehen aus 22 sogenannten GROẞEN ARKANA und 56 KLEINEN ARKANA, also insgesamt 78 illustrierten Karten. Arkana ist lateinisch und bedeutet ‚verborgenes Wissen' oder ‚Geheimnisse'. Ganze 78 große und kleine Geheimnisse, die es zu entdecken gilt.

Meine Legung im August 2024

2. Vergangenheit

Was mich zu Basically it's magic bewegt hat?

- mit alten Erfahrungen abschließen
- Wandlung
- Tritt aus dem Schatten, du darfst endlich leuchten!

1. Gegenwart

Was ist aus Basically it's magic geworden?

- etwas von Wert erschaffen haben
- Berufung finden
- Gelingen/Meistern des Projekts

3. Zukunft

Wie wird sich Basically it's magic weiterentwickeln?

- aus Inspiration und Intuition entstehen neue Ideen
- Tätigkeitsbereich entspricht dem Thema der Karte
- das Projekt wächst

Die Kombination und Reihenfolge der Karten in einer Lesung helfen dir, komplexe Situationen zu verstehen, verborgene Einflüsse aufzudecken und mögliche Weiterentwicklungen und Trends zu erkennen. Dazu musst du wissen, was die Großen und Kleinen Arkana im Einzelnen und im Zusammenhang bedeuten und welche Legearten bzw. Legesysteme es gibt, die dir helfen, bestimmte Details und Antworten zu deiner aktuellen Situation oder Frage zu finden.

Was sind Legearten und wie funktionieren sie?

Die Tarotkarten werden gezogen und nach einer Legeart, einem vorgegebenen Muster angeordnet. Innerhalb dieses Musters hat die Position jeder einzelnen Karte eine spezifische Bedeutung. So entsteht ein ‚Kartenbild', das deine Situation oder Fragestellung wiedergibt und entsprechend interpretiert werden kann. Jede Legeart hat ihre eigenen Regeln, Positionen und Bedeutungen, die es ermöglichen, verschiedene Aspekte einer Frage oder Situation zu beleuchten. Hier habe ich einige schlüssige und bewährte Legearten zusammengetragen und erklärt, so dass du sie selbst leicht anwenden kannst …

Die richtige Mischung macht's!

Um dich mit deinen Tarotkarten vertraut zu machen und sie besser kennenzulernen, schau dir mal alle Karten an, indem du sie wie ein normales Kartenspiel in den Händen hältst oder einfach vor dir auf dem Tisch oder Boden durcheinandermischst.

Für den Anfang empfehle ich einfach nur eine Karte zu ziehen, ohne dir eine Frage zu stellen, zum Beispiel für den kommenden Tag. Fächere die Karten nach dem Mischen verdeckt vor dir auf und ziehe ohne nachzudenken eine Karte, am besten mit deiner linken Hand, wenn du Rechtshänder*in bist oder mit der rechten Hand, wenn du Linkshänder*in bist, weil das jeweils die von dir weniger bewusst kontrollierte Hand ist.

Die gezogene Karte kannst du nun umdrehen: Lass einfach mal das Bild auf dich wirken!
Wie sind die Farben? Hell, dunkel, freundlich oder bedrohlich? Sagen dir die Symbole oder der Name der Karte etwas? Was fällt dir spontan, intuitiv dazu ein? Erkennst du gar dich darin? Notiere dir Namen und Zahl der Karte und deine Eingebungen, schau sie dir am Ende des Tages noch einmal an und rekapituliere: Wie war dein Tag? Gibt es eine Verbindung zu dem Bild auf der Karte? Lass dich überraschen …

Drei einfache Legesysteme

1: Ist-Soll-Analyse = Was ist hier los? Was kann ich tun?

Empfehlungen, mit einem Thema, das dir am Herzen liegt, umzugehen, andere Sichtweisen etc. (3 Karten ziehen)

Das sollte ich tun, das hilft mir wirklich

Das ist mein Thema, darum geht es

Das sollte ich nicht tun, das hilft mir gerade nicht

2: Du und Ich = eine Gegenüberstellung!

Was sind die Beweggründe meines*r Partners*in, Freundes*in, Kollegen*in, etc.? Und wie stehe ich dazu? (2 Karten ziehen)

Das bin ich, meine Gedanken, Gefühle und Beweggründe

Das ist mein*e Partner*in seine*ihre Gedanken, Gefühle und Beweggründe

3: Lass los! = Wovor habe ich Angst und wie kann ich ihr begegnen?

Lösungsvorschlag, um loszulassen und weiterzukommen (4 Karten ziehen)

Davor habe ich Angst, das macht mir Sorgen, darum geht es

Dahin führt sie, die Veränderung

Mein Verhalten, nicht förderlich, das muss ich loslassen

So komme ich weiter, das tut mir gut

4: Das kleine Kreuz

Orientierungs- und Entscheidungshilfe und Tendenz (4 Karten ziehen)

Das solltest du weiter verfolgen

3

Darum geht's

1

Das verlockt dich, solltest du aber meiden

2

So geht's weiter

4

5: Partnerschaft

Wie stehen wir zueinander? (7 Karten ziehen)

Fragesteller*in

So schätzt du die Beziehung ein

7

Was du fühlst und ersehnst

6

Deine Fassade

5

Beziehungsstatus

1

Partner*in

So schätzt dein*e Partner*in die Beziehung ein

2

Was dein*e Partner*in empfindet oder ersehnt

3

Die Fassade deiner*s Partners*in

4

Könige und Königinnen stehen in diesem Legesystem für weibliche oder männliche Personen, oder Personen mit einem deutlich feminen oder maskulinen Auftreten.

Basically it's magic
Bekanntes
Unbekanntes
Auf ins Abenteuer
Schutz
Glück
Führung
Verantwortungsbewusstsein
Freiheit
Herausforderungen & Versuchungen
Einblick in den
Abgrund
Tod & Wiedergeburt
Transformation
Loslassen
Erkenntnis
Akzeptanz
Rückkehr
Heilung

6: Das Kelten-Kreuz

Ein sehr altes und bewährtes Legesystem zur Selbstreflexion und für Zukunftstendenzen (10 Karten ziehen)
Hier bekommst du einen Überblick über deine aktuelle Situation (Platz 1 und 2),
was dir klar (Platz 3) und was dir nicht bewusst ist (Platz 4). Das gibt dir zudem einen Hinweis darauf,
ob es gut ist, so weiterzumachen wie bisher, oder ob es besser wäre, dein Verhalten zu ändern.
Auf Platz 7 wird umschrieben, wie du persönlich das Ganze siehst,
und auf Platz 8, wie die Außenstehenden, also dein Umfeld, die Situation einschätzen.
Auf Platz 9 sind deine Bedenken oder Erwartungen an die befragte Situation zu finden.
Der langfristige Ausblick auf Platz 10 zeigt dir, wie du oder die Situation sich weiterentwickeln werden.
Die Ursachen dafür findest du vielleicht in jüngster Vergangenheit auf Platz 5.
Und eine kurzfristige Tendenz, wie es weitergeht, erfährst du auf Platz 6.

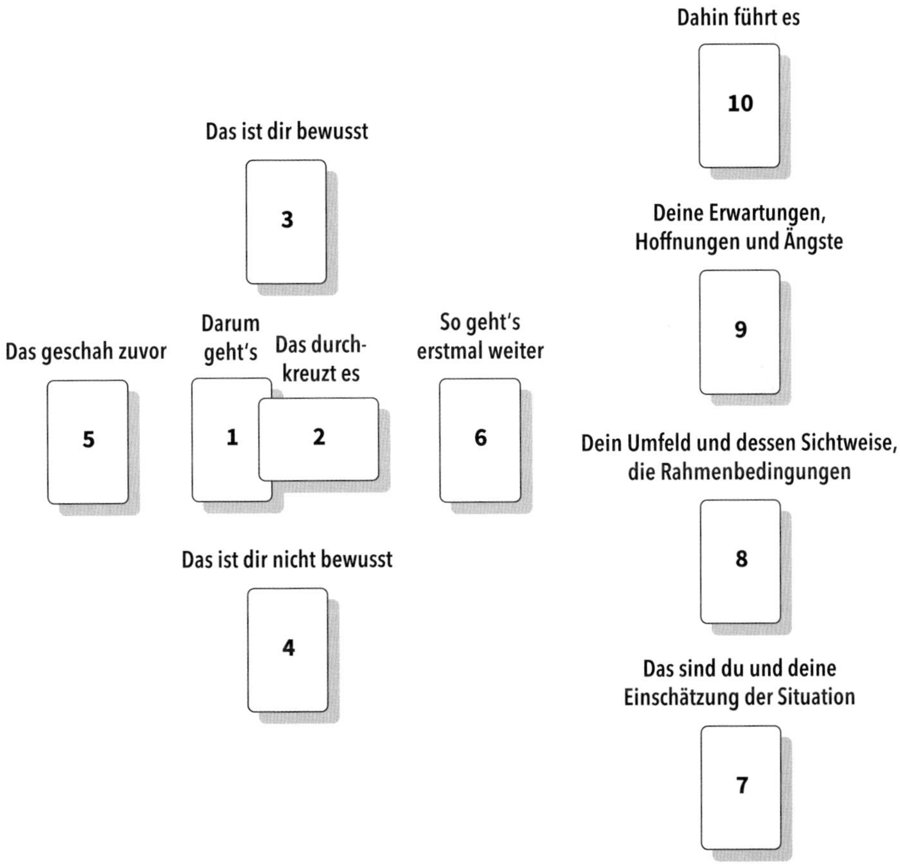

Die 22 Großen Arkana

Die GROßEN ARKANA bestehen aus 22 Karten und erzählen die Reise der Seele durch die verschiedenen Stadien des menschlichen Lebens (siehe Seite 12), beginnend mit der Geburt oder dem Aufbruch und endend mit der Ankunft, Erfüllung und der spirituellen Erleuchtung.
Jede einzelne dieser 22 Karten ist mit einer Zahl, einem besonderen Namen und einem Symbolbild versehen und repräsentiert eine wichtige Etappe dieser Reise, wichtige Entwicklungsschritte und enthält wertvolle Lehren und Erkenntnisse für dich. Es sind Schlüssel zum besseren Verständnis in die Zusammenhänge unseres Lebens.
Mythologisch werden sie oft auch mit einer Heldenreise oder Einweihung in Zusammenhang gebracht, wobei jede Karte als eine Stufe oder ein Tor zur nächsten Erfahrung im Leben gesehen wird.
In einer Legung highlighten sie beispielsweise bestimmte Lebensaspekte oder Lernaufgaben und weisen oft auch auf wichtige Entwicklungen oder Lektionen hin.
Die Großen Arkana werden im Tarot auch gern als Trümpfe bezeichnet. Sie stehen in der Tradition der Trümpfe von Spielkarten und heben sich durch ihre tiefere symbolische Bedeutung hervor, die über die unmittelbaren Umstände hinausgeht und in verschiedenen Kontexten unterschiedlich interpretiert werden kann.

Sie heißen:

0 - Der Narr
1 - Der Magier
2 - Die Hohepriesterin
3 - Die Herrscherin
4 - Der Herrscher
5 - Der Hierophant
6 - Die Liebenden
7 - Der Wagen
8 - Die Kraft
9 - Der Eremit
10 - Das Rad des Schicksals
11 - Die Gerechtigkeit
12 - Der Gehängte
13 - Der Tod
14 - Die Mäßigkeit
15 - Der Teufel
16 - Der Turm
17 - Der Stern
18 - Der Mond
19 - Die Sonne
20 - Das Gericht
21 - Die Welt

Die 56 Kleinen Arkana

Die Tarotkarten der KLEINEN ARKANA sind in vier Gruppen, auch ‚Farben' genannt, unterteilt, die jeweils einen bestimmten Lebensbereich, wie alltägliche Themen und Erfahrungen, repräsentieren. Die Kleinen Arkana geben zusätzliche Einblicke in die Bedeutung der Großen Arkana-Karten und unterstützen dabei ihre entsprechende Aussage. So sind präzisere und detailliertere Readings möglich.

Die Zahlen- und Hofkarten

Wie bereits erwähnt, sind die Kleinen Arkana, also die Zahlenkarten von Eins bis Zehn und Vier Hofkarten, **BUBE, RITTER, KÖNIGIN UND KÖNIG,** in vier Elemente, auch ‚Farben' genannt, unterteilt: **Kelche/Wasser, Stäbe/Feuer, Schwerter/Luft und Münzen/Erde.** Jedes dieser vier Elemente spiegelt verschiedene Aspekte seiner jeweiligen Themen wider.

DIE VIER ELEMENTE IM TAROT

Kelche/Element Wasser:

Die Kelche repräsentieren Intuition, Emotionen, zwischenmenschliche Beziehungen und das Unbewusste. Die Eins der Kelche kann eine überraschende Intuition oder ein erstes Gefühl für etwas aufzeigen oder auf den Anfang einer spirituellen oder tiefgehenden Erfahrung hinweisen, während die Zehn der Kelche oft Erfüllung, Glück oder emotionale Fülle darstellt. Die Zahlen dazwischen stehen für alle erdenklichen Emotionen, die dich im Leben beschäftigen können, wie zum Beispiel die Vier der Kelche, die für Trotz und Verweigerung, oder die Sieben der Kelche, die für irreführende Gefühle oder Wunschvorstellungen steht.

Stäbe/Element Feuer:

Die Stäbe stehen für Energie, Kreativität, Leidenschaft, Expression und Inspiration. Die Eins der Stäbe weist auf neue Ideen, eine Initialzündung oder neue Unternehmungen und Abenteuer hin, während die Zehn der Stäbe oft Überlastung, Erschöpfung oder das Ende eines Zyklus von Aktivität anzeigt. Die Zahlen dazwischen stehen für Aktionen und Aktivitäten und ihre Steigerungsformen, wie zum Beispiel die Sechs der Stäbe, die aufzeigt, dass man in der Lage ist, zu kämpfen und sich zu wehren, oder wie die Acht der Stäbe, die einen Vorstoß ankündigt oder anzeigt, dass bereits etwas in Bewegung gebracht wurde.

Schwerter/Element Luft:

Die Schwerter repräsentieren Gedanken, Kommunikation, Intellekt und Herausforderungen des Geistes. Die Eins der Schwerter kann überraschende Klarheit, einen Geistesblitz oder den Beginn von Kommunikation/Klärung darstellen, während die Zehn der Schwerter oft Schwierigkeiten, mentalen Schmerz symbolisiert oder dass man einfach nervlich keine Kraft mehr hat.

Münzen/Element Erde:

Die Münzen stehen für materielle Angelegenheiten, Finanzen, Arbeit und Beruf, Gesundheit und alle praktischen Aspekte des Lebens. Die Eins der Münzen kann einen neuen finanziellen oder beruflichen Start bedeuten oder ein solides Fundament für die Zukunft aufzeigen, während die Zehn der Münzen oft Wohlstand, Sicherheit oder materielle Erfüllung symbolisiert.

KLEINE UND GROßE ARKANA – EIN ZUSAMMENSPIEL

Die Kleinen Arkana verkörpern alltägliche Situationen und zwischenmenschliche Beweggründe in einer Tarot-Legung. In der Regel decken sie Themen wie Beziehung, Arbeit, Familie und Finanzen ab.

Während die Karten der Großen Arkana oft mit kraftvollen Symbolen und Bildern versehen sind, die tiefere Bedeutungen und spirituelle Weisheiten darstellen, zeigen die Kleinen Arkana hingegegen eher Szenen des Alltags und stellen Elemente wie Zahlen, Farben und kleinere Symbole in den Vordergrund, die auf konkrete Situationen hinweisen.

Bei einer Tarot-Legung können sowohl Karten aus den Großen als auch aus den Kleinen Arkana gezogen werden. Die Kombination und Interpretation beider Kartenarten geben ein Gesamtbild einer Situation wieder und bieten dir Einblicke in verschiedene Aspekte der Gegebenheiten. Somit helfen sie dir, Klarheit in deine Lage zu bringen, und können dir Richtungen, alternative Wege und Möglichkeiten aufzeigen.

Die Großen und Kleinen Arkana im Tarot ergänzen sich also, um umfassende und detaillierte Antworten zu bekommen.

Somit stellen die Großen Arkana den Rahmen oder die Eckpunkte dar, wie eine übergeordnete Perspektive des Gesamtbildes mit ihren bedeutungsvollen Hauptthemen und wichtigen Lebensereignissen. Die Kleinen Arkana sind die Glieder und Verbindungen zwischen diesen Hauptpunkten in einer Legung und zeigen praktische Erfahrungen, Herausforderungen und natürlich auch glückliche Begebenheiten auf. Sie ergänzen, vertiefen und konkretisieren die Informationen, die von den Großen Arkana angezeigt werden. Zusammen runden sie das Bild deiner Situation ab und regen dazu an, sowohl auf tiefergehende als auch auf praktische Ereignisse im Alltag angemessen oder besser zu reagieren.

WAS IST DEIN AKTUELLER SCHWERPUNKT? Vielleicht achtest du einmal darauf, wie viele GROßE ARKANA bzw. KLEINE ARKANA in deiner aktuellen Legung enthalten sind.

Sind viele GROßE ARKANA enthalten, heißt das für dich, dass dich augenblicklich tiefgreifende Beweggründe beschäftigen und du eine wichtige Entwicklung durchlebst.

Sind vermehrt KLEINE ARKANA enthalten, dann passiert gerade viel in deinem Alltag und es geht eher um Praktisches und Handfestes, um Regeln und Pflichten, einfach darum, dass der Alltag gerade wichtiger ist als deine persönliche (innere) Entwicklung.

So deutest du die Karten mit diesem Handbuch

Eine kurze Anleitung zum Umgang mit dem Basically it´s magic Tarot-Handbuch und zum Legen und Deuten der Karten

Ein Anwendungsbeispiel aus den KLEINEN ARKANA

1. Nehmen wir an, du hast eine berufliche Frage an die Karten gestellt: Wie sieht's mit meiner Job-Suche aus? Finde ich einen neuen Arbeitsplatz, an dem ich mich wohlfühle? Hierzu hast du dir das einfache Legesystem **Das Kleine Kreuz** ausgesucht, die Karten, wie auf S.11 beschrieben, gezogen und vor dir offen ausgelegt. Nun kannst du die **Kelch Königin auf Position 1, ‚Darum geht´s', die in dieser Legung an dieser Stelle für deine aktuelle Situation steht, auf S.128 nachschlagen.**

Darum geht's

Das solltest du weiter verfolgen

So geht's weiter

Das verlockt dich, solltest du aber meiden

Königin der Kelche

Kleine Arkana

Element Wasser

Astrologische Entsprechung Mond = Hilfsbereitschaft

weibliche Energie emotionale Tiefe, Liebe, Feingefühl

Königinnen sind Hinweise auf eine reife Energie und repräsentieren Einfluss, Stärke und Weitsicht. Sie sind Expertinnen und Wissende auf ihrem Gebiet. Auch zeigen sie Persönlichkeitsmerkmale und Charakterzüge einer Frau oder stehen für eine andere weibliche Person aus deinem Umfeld oder für einen feminin wirkenden Menschen.

Die Kelch Königin repräsentiert...

... als Wasser-Element emotionale Intelligenz, Empathie, Sensibilität, Intuition und Vorausschau. Vielleicht bist du im Moment besonders feinfühlend. Eventuell bist du auch beruflich kreativ unterwegs. Die Kelch Königin ist auch Hinweis auf eine magische Zeit und tiefe Empfindungen innerhalb einer Beziehung. Sie kann jedoch auch für Überempfindlichkeit, Dramatik und Launenhaftigkeit stehen.

Allgemeine Bedeutung

+ Empathie, Intuition, Sensibilität, Weisheit, schöpferische Fähigkeiten, spirituelle Verbindung, liebevolle Hingabe, Mitgefühl, Sanftmut, Fürsorglichkeit, emotionale Intelligenz, Kreativität, Roma[illegible], Empfänglichkeit, Introspektion

[illegible]usforderungen

[illegible]mäßige Emotiona[illegible] oder [illegible]hlossenheit, Abhängigkeit oder Bedü[illegible]keit, mangelnde Praktikabilität, Selbstmitleid oder Opferhaltung, Übersensibilität oder Empfindlichkeit, unrealistische Erwartungshaltung, Schwierigkeiten, mit Konflikten umzugehen, übermäßige Empfänglichkeit für die Meinungen anderer, Schwierigkeiten, die eigene Identität zu definieren, Unfähigkeit, klare Grenzen zu setzen

Introspektion und Schöpferkraft

EINE EMPFINDSAME UND KREATIVE FRAU

2. Im oberen Teil der Seite findest du Informationen über das **Element der Kelch Königin (hier: Wasser, welches für Gefühle und Emotionen steht).** Zudem haben **Königinnen und Könige die Besonderheit, dass sie der weiblichen oder männlichen Seite oder auch einer Person zugeordnet** werden können. In diesem Fall, falls du eine weibliche Person bist, ist es wahrscheinlich, dass du die Wesensmerkmale der Kelch Königin aufweist **oder die Situation selbst die Eigenschaften** der Kelch Königin **aufweist.**

3. Auf der entsprechenden Arkana-Seite in diesem Handbuch findest du in der Spalte links (in dem großen weißen Kasten) die **Eigenschaften,** die die Kelch Königin repräsentiert. In der rechten Spalte kannst du die **allgemeine Bedeutung** der Karte nachlesen (wenn du ausgeglichen bist) und welchen Herausforderungen du dich eventuell stellen musst (wenn du unausgeglichen bist).

4. Im unteren Teil findest du einen oder zwei Sätze, die die **Kernaussage und Bedeutung** der Karte noch einmal wiedergeben.

5. Nun kennst du die Anwendung und Lesart einer Karte aus den KLEINEN ARKANA und hast erfahren, wie dein Unterbewusstsein deine jetzige berufliche Situation wahrnimmt. Und von Position 2 und mit der dort liegenden Karte Sechs der Schwerter weißt du nun, was du in deiner jetzigen Situation unterlassen solltest. Lass uns nun weitermachen mit **Position 3 und somit einem Beispiel aus den GROßEN ARKANA.**

Ein Anwendungsbeispiel aus den GROßEN ARKANA

6. Nun zur **Position 3** deiner gezogenen Karten, **die dir empfiehlt, wie du in deiner jetzigen beruflichen Situation weiter vorgehen oder dich verhalten kannst.** Hier liegt nun **eine Karte aus den GROßEN ARKANA, VIII. Die Kraft,** deren Bedeutung du auf den Seiten 56 bis 59 nachlesen kannst. Schau dir zuerst die Seiten 56 und 57 an.

Hier findest du neben dem **Bild, Namen, der Art und Zahl der Karte** eine Interpretation zur **numerologischen Bedeutung,** das **Element** und die **astrologische Übereinstimmung, die der Karte Die Kraft entspricht.** Ein oder zwei **Musiktitel, die ich mit der Karte verbinde, welche du dir auch gern zur Affirmation dazu anhören kannst**, sowie ein kleines **Zitat, ein Schlagwort oder ein kurzer Satz zur Einstimmung auf die Karte.**

7. Auf den nächsten beiden Seiten 58 bis 59 findest du, wie bei den kleinen Arkana, eine **Interpretation zum Wesen der Karte** Die Kraft, die dir für **die Position, an der die Karte aktuell liegt, eine Empfehlung geben kann, wie du nun weiter vorgehen kannst.**

Zusätzlich kannst du noch unter **Allgemein** schauen, **welchen Eigenschaften die Karte entspricht, was dir jetzt dienlich ist.** Und unter **Herausforderung** lässt sich nachlesen, **worauf du achten solltest, weil es dir jetzt nicht wirklich weiterhilft.**

Auf der **rechten Seite** findest du noch **typische Aussagen der Karte** Die Kraft, **die dir zusätzliche Interpretationen ermöglichen.**

Resümee: zur Gesamtaussage deiner Legung

8. Wenn alle einzelnen Karten gedeutet sind, kannst du alle Positionen und Interpretationen zu einer **Gesamtaussage** vereinigen. In diesem Fall gibt es vier Positionen und somit vier Karten miteinander zu verbinden.

Das solltest du weiter verfolgen

Darum geht's

Das verlockt dich, solltest du aber meiden

So geht's weiter

Ergebnis deiner Legung und Antwort auf deine Frage: Wie sieht's mit meiner Job-Suche aus? Finde ich einen neuen Arbeitsplatz, an dem ich mich wohlfühle?

Darum geht's: Eigentlich weißt du sehr wohl, was du willst und von deinem neuen Arbeitsplatz erwartest. Hör auf dein Herz, du kennst dich selbst sehr gut und weißt, dass du die richtige Person für den Job bist!

Das verlockt dich, solltest du aber meiden: Du zögerst innerlich noch vor dem Schritt in ein neues Arbeitsleben. Dich beschäftigen solche selbstsabotierenden Gedanken wie: Ich kenne dort noch niemanden. Komme ich mit den neuen Arbeitsweisen zurecht? Nicht so viel denken, einfach tun! Die Aussicht auf Platz 3 und 4 zeigt dir, dass du gewappnet bist.

Das solltest du weiter verfolgen: Du hast die nötige (innere) Stärke und das Durchsetzungsvermögen. Sei du selbst und folge deinem Wunsch nach Veränderung! Du kannst viel für dich bewegen und wirst die neue Situation mit Selbstvertrauen und Feuereifer meistern.

So geht's weiter: Du darfst dich auf einen tollen Arbeitsplatz freuen! Es sieht so aus, wenn man der Drei der Münzen vertrauen will, dass deine Bewerbung erfolgreich sein wird. Du wirst deine Qualifikation in ein tolles Team einbringen, das dich willkommen heißen wird. Also kein Grund zur Sorge. Dieser neue Arbeitsplatz wird dich weiterbringen.

Die Quintessenz – eine weitere Aussage zu deinem Kartenbild

Wie berechnest du die Quintessenz?

Du kannst deine Gesamtaussage durch Einbeziehen der Zahlen der Tarotkarten ergänzen, indem du die Quintessenz aus den von dir gezogenen Karten berechnest.
Mit Ausnahme der Hofkarten BUBE, RITTER, KÖNIGIN UND KÖNIG – diese weisen keine Zahlen auf und werden bei dieser Rechnung ignoriert.
Nehmen wir die Beispielkarten als Muster!

1. Addiere die Zahlenwerte der gezogenen Karten!

Schaue dir die Zahlen auf den Karten an –
KELCH KÖNIGIN = /, SCHWERT SECHS = 6, DIE KRAFT = 8, MÜNZ DREI = 3
Deine Rechnung lautet also: 6 + 8 + 3 = 17
Die 17 im Tarot steht für DER STERN.
Bei mehrstelligen Zahlen wird noch einmal addiert: 1 + 7 = 8
Der MAGIER = 1 addiert mit dem WAGEN = 7 ergibt die KRAFT = 8
Die 8 steht im Tarot für DIE KRAFT.

2. Ergebnis: die Quintessenz deiner Karten

Die Essenz dieser Legung sind DER STERN und DIE KRAFT. Die 17, DER STERN, zeigt, dass alles unter einem guten Stern steht und du keine Ängste haben musst vor der anstehenden Veränderung. Zudem wird dein Weg vom MAGIER (1) und WAGEN (7) begleitet = Glück und Aufbruchstimmung unterstützen dich. Als Endergebnis taucht nun noch einmal DIE KRAFT (8) aus der Beispiellegung auf, womit noch einmal die Gesamtaussage bekräftigt wird:
Die Essenz des Kartenbildes: Zeige deinen Mut und setze dein Selbstvertrauen ein! Es lohnt sich.

Basically it's magic

Die Großen & Kleinen Arkana

ALLE 78 KARTEN

UND IHRE BEDEUTUNGEN

Der Narr

Große Arkana
Trumpf 0

Numerologisch
0 = Vollständigkeit, Ewigkeit, Chaos, alles & nichts

Element
Luft

Astrologische Entsprechung
Uranus = Veränderung, Kreativität & Neugier

neutral

Musik
The Alan Parsons Project: *Eye in the sky*

Nichts ist unmöglich!

MUT STEHT AM ANFANG DES HANDELNS,
GLÜCK AM ENDE.
Demokrit

Aussage und Bedeutung

Wesen:

Der Narr verkörpert ein Wesen mit Freiheitsdrang und Freigeist, impulsiv, spontan, abenteuerlustig und unvoreingenommen – wie ein Kind. Situationen oder Ereignisse, die vom Narren angezeigt werden, sind voller Lebendigkeit, Lebenslust und Ungeduld. Das Unbekannte erscheint dir sehr verlockend und am liebsten würdest du diesem Impuls sofort folgen. Eine solche Energie ist immer dann hilfreich, wenn wir etwas bewegen oder Neues in die Tat umsetzen wollen, das ein gewisses Wagnis und Mut erfordert. Der Narr kann aber auch davor warnen, zu naiv zu sein und die Situation falsch einzuschätzen. In jedem Fall geht es hier um eine neue, inspirierende Erfahrung, die dich so oder so bereichern wird. Der Narr hat, wie ein kleines Kind, eine Art Schutzengel. Eigentlich kann nichts passieren. Du solltest dennoch den Kopf zwischendurch einschalten.

Allgemein:

+ Spontaneität, Freiheit, Abenteuerlust, neue Reise, Unbeschwertheit, Potenzial, Möglichkeiten, Offenheit, Schlauheit, Klugheit, Intelligenz, Weisheit, Furchtlosigkeit, Beginn, der Urknall, Mut, Annehmen von Herausforderungen, Verlassen der Komfortzone, dem Herzen folgen, neues Terrain

– Chaos, Unvorhersehbarkeit, Leere, Nichts, Einfalt, Dummheit, Naivität, Planlosigkeit, Anfänger, Warnung vor Leichtsinn, Unbedachtheit, unüberlegte Entscheidung, Begehen von Fehlern

Beziehungen:

+ neue Beziehung, Verlieben, Einschlagen einer neuen Richtung in bestehender Beziehung, Machen neuer Erfahrungen, Eingehen von Risiken, Begegnung mit jemand Unbekanntem, Freiheit, Vertrauen

– Unreife, Naivität, unzuverlässige Partner*innen, nicht ernst genommene Bedürfnisse und Wünsche, fehlende Ernsthaftigkeit, Gutgläubigkeit

AFFIRMATION

Typische Sätze des Narren

- Ich liebe das Abenteuer und die Möglichkeit, neue Dinge zu entdecken.
- Ich glaube an das Unmögliche und lasse mich von Hindernissen nicht abschrecken.
- Manchmal muss man Risiken eingehen, um wirklich zu leben.
- Ich folge meinem Herzen und meinem Bauchgefühl, auch wenn es unvernünftig erscheint.
- Jeder Tag ist eine neue Chance, um etwas zu lernen und zu wachsen.
- Ich genieße den Moment und lasse mich von den Herausforderungen inspirieren.
- Ich bin bereit, meine Komfortzone zu verlassen und das Unbekannte zu erkunden.
- Ich bin voller Energie und Tatendrang, bereit für alles, was das Leben bringt.
- Ich bin zwar nicht perfekt, aber ich lerne aus meinen Fehlern und gehe gestärkt daraus hervor.
- Ich glaube an das Gute im Menschen und vertraue darauf, dass das Universum mich führt.

Der Magier

Große Arkana
Trumpf 1

Numerologisch
1 = Eindeutigkeit, Einheit & Einzigartigkeit

Element
Feuer, Wasser, Luft & Erde

Astrologische Entsprechung
Merkur = Kommunikation & Erfindungsgabe

männliches Prinzip

Musik
Queen: *Don't Stop Me Now*

Das Spiel beginnt!

GO OUT AND PAINT THE STARS!
vincent van Gogh

Aussage und Bedeutung

Wesen:

Der Magier steht für Geschick, Talent, Selbstvertrauen und Ausstrahlung. Er verkörpert eine Phase voller Kreativität und Schöpferkraft, Effizienz und Entwicklung. Es ist nun die beste Zeit, deine Visionen und Ideen in die Tat umzusetzen. Dir steht alles, was du brauchst, zur Verfügung: das Gespür für den richtigen Moment und deine Umgebung, die Energie und das Können, der Verstand und die Wirklichkeitsnähe, um das Ganze konstruktiv und strukturiert zu verwirklichen. Worauf wartest du? Du darfst dir vertrauen, der Magier steht ganz hinter dir! Oder bist du sogar selbst der Magier? Schwierige Situationen wirst du jetzt meistern. Dir wird alles gelingen. Nutze die Zeit!

Allgemein:

\+ Dynamik, Kraft, Sieg und Erfolg, auch Einfluss, Gelingen, Umsetzung eines Vorhabens, klare Vorstellungskraft, positive Einstellung, Erhalten von Unterstützung, Schwung, Fülle, Kommunikation

– Macht (-missbrauch), Vermessenheit, Selbstüberschätzung, Größenwahn, Hochmut

Beziehungen:

\+ Harmonie, Anziehungskraft, Fruchtbarkeit, Magie, Glück in der Liebe, Faszination, Beschwingtheit, ‚Crash, Boom, Bang', gegenseitige Bewunderung

– Dominanz, Bevormundung, Übervorteilung, Schwierigkeiten, Missverständnisse

Do it · yes · Oh happy happy day

AFFIRMATION

Typische Sätze des Magiers

- Ich weiß, was ich tue und was ich zu tun habe.
- Ich bin mir meiner Stärken bewusst.
- Was ich anfasse, gelingt.
- Ich habe alles, was ich brauche (alle vier Elemente/vier Tarotfarben, bzw. Symbole: Stäbe/Feuer/Kraft, Münzen/Erde/Bodenhaftung, Kelche/Wasser/Intuition und Schwerter/Luft/Verstand), um meine Ziele zu erreichen.

- Ich rede nicht, ich mache.
- Ich bin mir meiner Existenz auf allen Ebenen bewusst.

- Nicht glauben, wissen!
- Ich schaff' das! Ich KANN das!

ES GIBT MENSCHEN, DIE DAS LEBEN ERLEIDEN. ES GIBT MENSCHEN, DIE DAS LEBEN NACH EIGENEM WILLEN GESTALTEN.

C. F. Ramuz

Die Hohepriesterin

Große Arkana
Trumpf 2

Numerologisch
2 = Dualität, Gegensätze,
Bewusstes & Unbewusstes

Element
Wasser

Astrologische Entsprechung
Mond = Unterbewusstsein,
Innenschau & Mystik

Erste Schutzkarte
Glück, Erfolg &
Verlass auf das Bauchgefühl

weibliches Prinzip

Musik
Florence + The Machine: *King*

ICH HAB'S DIR JA GESAGT!

Viele Grüße, dein Bauchgefühl

DEEP intuition

AUSSAGE UND BEDEUTUNG

Wesen:

Die Hohepriesterin zeigt sich als Intuition, Sensibilität, Naturverbundenheit und die Anbindung ans Unbewusste. Sie steht für eine nicht zu erklärende, tiefe Gewissheit und eine Sensibilität für Vorahnungen und Visionen. Aufgrund ihrer unbewussten Kräfte verkörpert die Hohepriesterin eine weise Frau, Ratgeberin, Helferin und Heilerin. Sie ist die gute Fee, wissend, verständnisvoll und geheimnisvoll. Sie lädt dich ein, tief in dich hineinzuhören und auf dein Bauchgefühl und deine Intuition zu achten. Sie ist auch ein Indikator dafür, dass du eigentlich schon weißt, was du tun musst und wie dein nächster Schritt aussieht. Du musst nur deiner inneren Stimme vertrauen.

BE KIND

Allgemein:

+ Intuition, Spiritualität, höheres Wissen, Yin, Feingefühl, Reinheit, Klarheit, Erkenntnis, Wahrheit, Seelentiefe, Weisheit, Gewissheit, Naturverbundenheit, Inspiration, Zurückhaltung, Medialität, Heilkraft, Ursprünglichkeit

– Unentschiedenheit, Wankelmut, den Wald vor lauter Bäumen nicht sehen, Ratlosigkeit, Passivität, ungreifbare Ängste, Zwielicht, Realitätsflucht, Naivität, Unsicherheit

Beziehungen:

+ Vereinigung von Gegensätzen, Vertrauen, dem Herzen folgen, Anziehungskraft, tiefes Empfinden, Seelenverwandtschaft, tiefe Zuneigung, innige Nähe, Fürsorglichkeit, Faszination, große Liebe, magische Verbindung, wortloses Verstehen

– Unentschlossenheit, Unberechenbarkeit, Zwietracht, Misstrauen

AFFIRMATION

Typische Sätze der Hohepriesterin

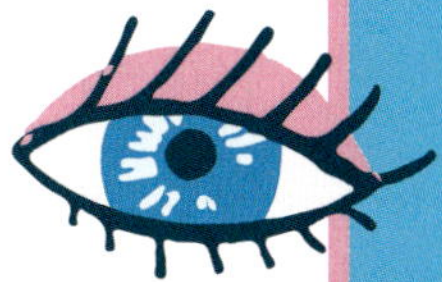

- Ich vertraue mir und meiner Intuition.
- Ich fühle das Feinstoffliche und habe Visionen.
- Ich kenne das Licht und die Dunkelheit.
- Mir ist der Mond näher als die Sonne.
- Ich bin manchmal launenhaft und brauche meine Ruhe.
- Man sollte auf meinen Rat hören.
- Ich habe eine Verbindung zu meiner (und deiner) Seele.
- Ich weiß, was dir fehlt, und kann dir helfen oder dich heilen.
- Alles ist Inspiration – ich nehme alles wahr.
- Ich lese zwischen den Zeilen.

GLÜCK IST KEIN
IDEAL DER VERNUNFT, SONDERN
DER VORSTELLUNGSKRAFT.

Immanuel Kant

DREAM
MORE

Die Herrscherin

Große Arkana
Trumpf 3

Numerologisch
3 = Dreifaltigkeit, Geschlossenheit & Vollständigkeit, Glückskarte (dreimal auf Holz klopfen bringt Glück)

Element
Erde

Astrologische Entsprechung
Venus = Liebe & Empathie

weibliches Prinzip

Musik
Hozier: *Cherry Wine*
oder
Carly Simon: *Let the River Run*

WE RISE by lifting OTHERS

Erfüllung

ALLER GUTEN DINGE SIND DREI!

Aussage und Bedeutung

Wesen:

Die Herrscherin versinnbildlicht natürliche Schönheit (äußere wie innere), Anmut und Ausstrahlung. Sie ist im Einklang mit sich selbst. Sie verkörpert insbesondere die Mutterfigur und steht damit für Wachstum, Schöpferkraft und Fruchtbarkeit im Bereich deiner privaten Beziehungen, im Beruf und auch im Alltag. Die Herrscherin zeigt dir, dass du bereit dafür bist, Verantwortung für ein Projekt, eine Sachlage oder gar ein Lebewesen zu übernehmen. Du verfügst über das nötige Bewusstsein, die Autorität und die Weisheit, um diese Rolle zu erfüllen. Vielleicht erlebst du gerade eine Neuerung im beruflichen Umfeld oder in deiner Beziehung, die sich zuerst ungewohnt anfühlt, dich letztendlich aber wachsen lässt. Oder es sprudeln die Ideen nur so aus dir heraus. In jedem Fall unterstützen dich deine Kreativität, deine Lebendigkeit und dein Selbstbewusstsein dabei, große Entwicklungsschritte zu machen. Genieße diese Phase!

Allgemein:

+ Wärme, Fruchtbarkeit, Reife, Verantwortung, Fülle, mütterliches Prinzip, Schwangerschaft und Mutterrolle, Neugeburt, Wachstum (Zuwachs), Genuss, positive Entwicklungen, Fluss des Lebens, Menschenkenntnis, Weitsicht, Familiensinn, Kreativität, Zufriedenheit

– Stagnation, nicht im ‚Flow' sein, Verlustangst, Gluckenhaftigkeit, Matronenhaftigkeit, Übermutter, Affektiertheit

Beziehungen:

+ Sinnlichkeit, Erfüllung, Liebe, Leidenschaft, Lust, starke Gefühle, starke Verbindung, Geborgenheit, Romantik, Zufriedenheit und Befriedigung, Verantwortungsgefühl füreinander

– Klammern, fehlendes Vertrauen, Einengung, Unausgewogenheit, Disharmonien

AFFIRMATION

Typische Sätze der Herrscherin

- Ich weiß um meine Wirkung und Anziehungskraft.
- Ich habe großen Einfluss auf andere Menschen.
- Nutze deine Macht liebevoll!
- Ich schenke Geborgenheit.
- Ich bin ein Familienmensch.
- Ich erschaffe Neues (oder neues Leben) und bin produktiv.
- Ich übernehme Verantwortung.
- Ich bin selbstsicher und ausgeglichen.
- Ich habe ein Gespür für Schönheit und Ästhetik.
- Was ich anfasse, wächst und gedeiht.
- Man folgt mir auf meinem Weg.

NICHTS AUF DER WELT IST SO MÄCHTIG WIE EINE IDEE, DEREN ZEIT GEKOMMEN IST.

Victor Hugo

Der Herrscher

Große Arkana
Trumpf 4

Numerologisch
4 = Ganzheit, Stabilität, Struktur, Praktikabilität und Ausdauer, vier Elemente, vier Himmelsrichtungen & vier Jahreszeiten

Element
Feuer

Astrologische Entsprechung
Widder = Durchsetzungsfähigkeit, Selbstsicherheit, Beharrlichkeit & Siegeswille

männliches Prinzip

Musik
New Order: ***Blue Monday***
Tears for Fears: ***Everybody Wants to Rule the World***

Ruhe und Ordnung!

HERRSCHEN IST UNSINN, ABER REGIEREN IST WEISHEIT.

Johann Gottfried Seume

AUSSAGE UND BEDEUTUNG

Wesen:

Der Herrscher steht für Strukturiertheit, Stabiliät und Sicherheit. Er versinnbildlicht den Fels in der Brandung und die starke Schulter, an die du dich anlehnen darfst, um wieder Kraft zu tanken. Seine Bodenständigkeit und Sachlichkeit benötigst du dann, wenn du dich hilflos, alleingelassen oder einer Sache nicht gewachsen fühlst. Manchmal steht der Herrscher auch für den Realisten, den wir brauchen, wenn wir an Bodenhaftung verloren haben und uns in Träumereien oder falsche Vorstellungen flüchten. Überprüfe die Dinge auf ihre Machbarkeit und sei ehrlich zu dir selbst! Eine gewisse Strenge gegenüber dir selbst oder anderen ist in manchen Fällen einfach angebracht. Stehe zu dem, was du denkst und rede Klartext!
Sei innerlich stark wie der Herrscher und lass dich nicht bevormunden!

Allgemein:

+ Führung, Autorität, Struktur, Organisation, Durchsetzungsvermögen, Selbstvertrauen, Entschlossenheit, Ordnung, Kontinuität, Beharrlichkeit, Verantwortungsbewusstsein, Sicherheit, Selbstständigkeit, Väterlichkeit, Bodenständigkeit, Ehrlichkeit, Mut, Willensstärke, Macher, Entscheider, Vorbild, Sachlichkeit, innere Stärke

– Kontrolle, Nüchternheit, Kritiker, Misstrauen, Pedanterie, Überlegenheit, Rücksichtslosigkeit, Autorität, Übergriffigkeit, Strenge, Bevormundung, Voreingenommenheit, Starrheit, Sturheit, Härte, Ernüchterung

Beziehungen:

+ gegenseitige Fürsorge, gegenseitiges Vertrauen, Verlässlichkeit , Sicherheit, oft langjährige Beziehungen, gegenseitiger Respekt

– Bevormundung, Unsicherheit, Misstrauen, Druck und Zwang, Gefühllosigkeit, überkritische Beurteilung des Partners, Einengung, Kälte, Distanz, Respektlosigkeit

Do it

AFFIRMATION

Typische Sätze des Herrschers

- Ich habe die Kontrolle über mein Leben.
- Ich bin autoritär und übernehme Verantwortung.
- Setze dir Ziele und gib alles, um sie zu erreichen!
- Mit Macht geht auch Verantwortung einher.
- Was ich mir in den Kopf setze, gelingt.
- Ich habe recht!
- Ich setze mich durch!
- In Führungsrollen gehe ich auf und motiviere die anderen.
- Ich bin ein guter Analyst und treffe kluge Entscheidungen.
- Effektivität ist mir sehr wichtig.
- Ich weiß, wie man kommuniziert, und bin sehr selbstsicher.
- Meine Mitmenschen lassen sich von mir beeinflussen.
- Ich bin ein guter Anführer.

SEI OFFEN UND DIREKT!
WAS WIRKLICH PASSIEREN KANN,
IST, DASS ANDERE DICH ENDLICH
VERSTEHEN.

Get it DONE

Der Hierophant

Große Arkana
Trumpf 5

Numerologisch
5 = Magie, Flexibilität, Unabhängigkeit, Freiheit, Lebendigkeit, Sinnlichkeit & Ausdruck

Element
Erde

Astrologische Entsprechung
Stier = Sinnlichkeit

männliches Prinzip

Zweite Schutzkarte
Vertrauen, Glaube, Liebe & Hoffnung

Musik
Lost Frequenzies & Zonderling: *Crazy*
oder
REM: *Losing My Religion*

Lehren und Lernen!

ES IST NOCH KEIN MEISTER VOM HIMMEL GEFALLEN.
Sprichwort

AUSSAGE UND BEDEUTUNG

Wesen:

Der Hierophant, auch Hohepriester genannt, bedeutet ‚Enthüller der (heiligen) Geheimnisse' und versinnbildlicht einen (spirituellen) Lehrer oder Meister. Ein weiser Mensch, der dir zeigt, dass ein tieferer Sinn hinter dem steckt, was dich gerade beschäftigt. Er lädt dich auch dazu ein, zu überprüfen, ob du deinen Werten treu bleibst oder ob du Gewissensbisse haben musst und gegen deine Moralvorstellungen handelst. Vielleicht fragst du dich: Was sind meine Werte und was ist für mich Moral? Bei beruflichen Fragen zeigt er dir, dass du deiner Berufung folgen sollst, falls du sie noch nicht gefunden hast. In deiner Beziehung steht er für wachsendes Vertrauen und Verbundenheit und für gemeinsame Werte. Der Hierophant weist dich aber auch darauf hin, dem Nächsten nicht die eigenen Werte überzustülpen. Bleib unvoreingenommen und sei ein Vorbild mit deinem Verhalten anderen gegenüber!

Allgemein:

+ spirituelle Führung, Autorität, Institutionen, Schule, Lehre, Studium, höhere Wahrheit, Weisheit, Lernen, Annehmen, Verbundenheit mit dem Göttlichen, sechster Sinn, Verstehen, Sinnsuche, wahre Berufung, tiefe Erkenntnis

– Dogmatismus, Kontrolle, Starrheit, Richten, guruhaftes Auftreten, in den Bann ziehen, Beeinflussung, Strenge

Beziehungen:

+ starke geistige Verbundenheit, moralische Werte, Hochzeit, ideale Beziehung, Innigkeit, Vertrauen und Zuneigung, blindes gegenseitiges Verstehen, Seelenverwandtschaft

– Verführung, Beeinflussung, Vereinnahmung, Unterjochen, Stalking, Entfremden, Abhängigkeit

SEE THE GOOD IN ALL things

AFFIRMATION

Typische Sätze des Hierophanten

- Ich bin hier, um Wissen und Einsicht zu vermitteln.
- Ich weiß von der Kraft des Glaubens und der Spiritualität.
- Ich bin dein Mentor.
- Ich helfe gerne und kann gut unterrichten.
- Ich lebe nach ethischen Grundsätzen und Werten.
- Ich glaube an und weiß viel über das, was zwischen Himmel und Erde passiert.
- Manchmal bin ich auch Priester oder Mönch.
- Ich sehe die Schönheit und das Göttliche in allem um mich herum und glaube an das Gute im Menschen.
- Ich glaube, dass wir alle eine höhere Bestimmung haben, und ich helfe anderen, ihre zu finden.
- Ich bin hier, um dich zu ermutigen, deine eigene Wahrheit zu finden, und dir Erkenntnis zu bringen.

WAGE ES, WEISE ZU SEIN!

Horaz

Die Liebenden

Große Arkana
Trumpf 6

Numerologisch
6 = Vollkommenheit, Glück, Harmonie, Gleichgewicht der Kräfte & absolute Symmetrie

Element
Luft

Astrologische Entsprechung
Venus/Zwilling = Charisma & Entscheidung aus Liebe

weibliches und männliches Prinzip

Musik
Brian Ferry: *Slave to Love*
oder
Plain White T's: *1, 2, 3, 4*

YESSS Day

Hör auf dein Herz!

DAS HERZ HAT SEINE GRÜNDE, DIE DER VERSTAND NICHT KENNT.

Blaise Pascal

friends forever

AUSSAGE UND BEDEUTUNG

Wesen:

Die Liebenden stehen für die vorbehaltlose Entscheidung in sämtlichen Lebensbereichen. Hier geht es nicht um eine Vernunftsentscheidung, sondern das von Herzen getroffene, klare Bekenntnis für einen Menschen, eine eindeutige Festlegung bei einem Projekt oder eine vorbehaltlose innere Haltung in einer dich betreffenden Situation. Wundervolle Erfahrungen sind möglich, wenn du dich konsequent und bewusst zu etwas bekennst. Besonderes Augenmerk legt die Karte auf die Liebe. Die ‚Romeo und Julia'-Szene deutet darauf hin: Die Liebenden stehen für eine zutiefst berührende, zwischenmenschliche Verbindung. Manchmal liegt das Glück ganz nahe, du musst nur erkennen, welche Chance in diesem Menschen, dem Projekt oder der Sache liegt. Lass dich nicht von mannigfaltigen, oberflächlich verlockenden Angeboten ablenken, sondern höre auf dein Herz! Du kannst überwältigende Erfahrungen machen, wenn du dich bewusst und klar entscheidest.

Allgemein:

+ vorbehaltlos Ja sagen, Herzensentscheidung, bedeutende Liebeserfahrung, klare Festlegung, Mut und Wille, sich für andere einsetzen, positive Erlebnisse, beglückende Erfahrung, Zusammenhalt

– Trotz, Unentschlossenheit, kein Entgegenkommen, Unfähigkeit, sich zu etwas zu bekennen

Beziehungen:

+ überraschende Begegnung, Verlieben, bewusste Entscheidung für eine Person, starke Verbundenheit, großes Glück, tiefe und große Liebe, Finden des*der Traumpartners*in

– vergebliches Warten auf Mr.*Mrs. Right, verpasste Chance, sich ‚aufheben' für vermeintlich bessere*n Partner*in, Oberflächlichkeit, Halbherzigkeit, Offenhalten von Alternativen

DAS SEHNEN NACH LIEBE IST SELBER LIEBE.

JEAN PAUL

AFFIRMATION

Typische Sätze der Liebenden

- Ich bin ein offenes Buch und zeige meine Emotionen.
- Ich spüre eine tiefe Verbindung zu anderen Menschen und suche nach bedingungsloser Liebe.
- Ich bin bereit, mich auf eine bedeutungsvolle Partnerschaft einzulassen.
- Ich schätze Harmonie und Ausgewogenheit in meinen Beziehungen.
- Ich folge meinem Herzen und vertraue auf meine Intuition bei der Wahl meiner Lebenspartner*innen.
- Ich fühle mich zu anderen hingezogen und schätze die Einzigartigkeit jeder einzelnen Person.
- Es ist nicht deine Aufgabe, mich zu lieben. Es ist meine.
- Ich strebe nach einer tiefen geistigen und emotionalen Vereinigung mit meiner seelenverwandten Person.
- Wer liebt wie ich, überwindet Konflikte und findet Versöhnung.
- Entferne dich niemals von dir selbst, um jemand anderem nahe zu sein.

LOVE yourself

Der Wagen

Große Arkana
Trumpf 7

Numerologisch
7 = Fortschritt, Sieg, Abenteuerlust & Optimismus

Element
Wasser

Astrologische Entsprechung
Widder = Siegeswille & Zukunftsorientiertheit

weibliches und männliches Prinzip

Musik
Fleetwood Mac: *Go Your Own Way*
oder
Justin Timberlake: *Can't Stop the Feeling*

Go your own ♥ way

Alles auf Go!

IM ANFANG WAR DIE TAT!
Johann Wolfgang von Goethe

AUSSAGE UND BEDEUTUNG

Wesen:

Der Wagen steht für Unternehmungslust und Handlungsbereitschaft und kündigt eine Phase an, in der du entschlossen und mutig neue Dinge ausprobierst und umsetzt. Hierbei steht deine Selbstständigkeit und Eigenverantwortung im Vordergrund. Der Wagen ermutigt dich dazu, nicht einfach mit dem Strom zu schwimmen, sondern deine Entscheidung unabhängig von der Meinung anderer zu treffen. Zugleich weist er dich aber auch darauf hin, nicht leichtfertig oder gar rücksichtslos dabei vorzugehen. Reflektiere kritisch, bevor du dich in neue Gefilde begibst! Sei dir der Konsequenzen bewusst und schalte nicht vor lauter Tollkühnheit den Kopf aus! Dann sollte einer aufregenden Reise und verheißungsvollen Entdeckungen nichts im Wege stehen.

Allgemein:

+ Aufbruch, Mut, Risikofreude, Freiheitsdrang, Begehen neuer Wege, Überwindung von Ängsten, Verlassen von Gewohntem, Loslösen von Vertrautem, Unternehmungslust, Vorwärtsdrängen, Umkrempeln, Zielstrebigkeit, Zuversicht, Tempo, Euphorie, Anpassungsfähigkeit, Energie, Durchsetzungsvermögen, Unverzagtheit, Ehrgeiz

– Selbstüberschätzung, Unerfahrenheit, Rücksichtslosigkeit, Langeweile, festgefahrene Situationen, Widrigkeiten, Leichtsinn, Ausblenden von Konsequenzen

Beziehungen:

+ neue Verbindung, neue Wege in gewachsener Beziehung, Erneuerung einer alten Beziehung, neue Freundschaften (in der Fremde)

– leichtfertiges Einschlagen getrennter Wege, Loslösen aus einer Verbindung, Freiheitsdrang, Draufgängertum, Verantwortungslosigkeit

START NOW

AFFIRMATION

Typische Sätze des Wagens

- Ich bin voller Entschlossenheit und habe die Kontrolle über mein Leben.
- Ich setze mir klare Ziele und arbeite hart, um sie zu erreichen.
- Ich kenne keine Hindernisse, nur neue Wege.
- Ich bin hochmotiviert und habe den Willen zum Erfolg.
- Das größte Risiko im Leben ist, überhaupt keins einzugehen.
- Selbstvertrauen ist mein zweiter Vorname.
- Ich strebe nach persönlichem Wachstum und Entwicklung.
- Ich bin reine Entschlossenheit.
- In Rückschlägen sehe ich Chancen zu lernen.
- Um meine Träume in die Realität umzusetzen, finde ich Wege.
- Mein Enthusiasmus inspiriert und motiviert andere Menschen, es mir gleich zu tun.
- Ich fahre mutig voran und überwinde alle Herausforderungen, die mir begegnen.

BESSER AUF NEUEN WEGEN ETWAS STOLPERN, ALS IN ALTEN PFADEN AUF DER STELLE ZU TRETEN.

Aus China

Die Kraft

Große Arkana
Trumpf 8

Numerologisch
8 = Unendlichkeit (liegende Acht/Lemniskate), Auferstehung & Leben nach dem Tod

Element
Feuer

Astrologische Entsprechung
Löwe = Mut, Energie, Stärke & Durchsetzungsvermögen

Musik
Billie Marten: *Lionhearted*
oder
Fury in the Slaugtherhouse: *Time to Wonder*

Trust Yourself

Nur Mut!

IN DER RUHE LIEGT DIE KRAFT!

Aussage und Bedeutung

Wesen:

Die Kraft steht für Mut, Hingabe und Leidenschaft. Sie zeigt dir, dass du das Selbstbewusstsein, die Energie und das Know-how hast, um selbst großen Löwenaufgaben, schwierigen Situationen oder Angstgegnern erfolgreich zu begegnen. Dein Charisma und deine Lebensfreude wirken ansteckend und betörend, das hat fast schon etwas Magisches. Die Kraft versinnbildlicht auch ein Gleichgewicht der Gegensätze. Dein ausgleichendes Wesen und dein unverkrampftes, angstfreies und entspanntes Agieren wirken auf deine Umgebung und Beziehungen wie ein Türöffner in die Herzen. Man vertraut dir, weil du dir selbst vertraust. Das macht dich unschlagbar.

Allgemein:

\+ Wärme, Vitalität, Lebensfreude und Genuss, Stärke, Selbstvertrauen, Mut, Tapferkeit, Furchtlosigkeit, Vertrauen, ‚Löwenherz', Selbstbeherrschung, positiver Einfluss auf andere, Meistern schwieriger Situationen, ‚Zauberkraft', Disziplin, Zähmen des ‚Löwen', positive Ausstrahlung, Anmut, Lässigkeit, Entspanntheit, Charisma

– Kontrolle, Unterdrückung, Härte , forsches Auftreten, Rücksichtslosigkeit

Beziehungen:

\+ Sinnlichkeit, gegenseitiges Vertrauen, ausgewogene Beziehung, Ausgewogenheit zwischen Gefühl und Begierde, gesunde Reibung, gegenseitiges Verständnis, eine Freundschaft zum ‚Pferde stehlen', Versöhnung, leidenschaftliche Liebe

– Disharmonie, Ungleichgewicht, Beeinflussung und Kontrolle

AND DON'T FORGET: Protect your Energy

COURAGE ABOVE FEAR

AFFIRMATION

Typische Sätze der Kraft

- Ich könnte Bäume ausreißen!
- Ich stelle mich dem Kampf und bin siegessicher.
- Ich bin sehr engagiert und zeige, wenn nötig, auch die ‚Krallen'.
- No risk, no fun!
- Ich bin auf alles vorbereitet und habe keine Angst.
- Ich weiß, mit meinen Kräften umzugehen, und kann mich beherrschen.
- Auch schwierige Situationen weiß ich zu meistern.
- Ich erreiche mein Ziel.
- Ich vertraue mir selbst.
- Kein Hindernis ist mir zu hoch.

WIRF DEIN HERZ ÜBER DAS HINDERNIS UND SPRING IHM NACH!

Sprichwort

Der Eremit

Große Arkana
Trumpf 9

Numerologisch
9 = Weisheit, Selbstlosigkeit & Integrität

Element
Erde

Astrologische Entsprechung
Jungfrau/Saturn = Unabhängigkeit, Weisheit, Konzentration & Reflexion

weibliches Prinzip

Musik
Shakespears Sister: *Hello*
oder
Don McLean: *Vincent*

IT'S OK
TO TAKE A
BREAK

Zeit für Dich!

Ein geistreicher Mensch hat in gänzlicher Einsamkeit an seinen eigenen Gedanken und Phantasien vortreffliche Unterhaltung.

Arthur Schopenhauer

AUSSAGE UND BEDEUTUNG

Wesen:

Der Eremit steht für innere Einkehr, Selbstbesinnung, geistige Reife und Weisheit. Er zeigt, dass Rückzug nicht Einsamkeit bedeutet, sondern, zu sich selbst zu finden. Vielleicht täte es dir gut, mal zur Ruhe zu kommen, um dich neu zu sortieren. Wahrscheinlich brauchst du eine Pause von der Hektik des Alltags, oder du hast bereits freiwillig eine Auszeit von der unruhigen Welt um dich herum genommen. Lass dir Zeit! Du wirst gestärkt daraus hervorgehen. Und du wirst Klarheit darüber erlangen, was du wirklich willst und wie du nun weitermachen kannst. Falls du dir Gedanken um eine Partnerschaft machst, gilt auch hier: Seid aufmerksam füreinander und lasst einander Zeit. So wie der Eremit zu sich findet, werdet ihr zueinander finden.

Allgemein:

\+ Selbstreflexion und Selbsterkenntnis, Weisheit und Einsicht, Rückzug und Stille, Regeneration, mentale Klarheit, Geduld und Ausdauer, Erforschung des Unbewussten, Spiritualität, Dasein als Lehrer oder Mentor, Bewahrung der Unabhängigkeit, Zurückgezogenheit, Meditation, freiwillige Beschränkung, Stabilität, Bodenständigkeit, Introspektion

– Isolation und Einsamkeit, Verweigerung von Kontakt und Gemeinschaft, Misstrauen gegenüber anderen und ihrer Motivation, überkritische Haltung gegenüber sich selbst und anderen, Vermeidung von Risiken und Herausforderungen, Desinteresse am Umfeld, Selbstzweifel

Beziehungen:

\+ reife und langjährige Beziehung, Verständnis füreinander, gemeinsam gewählte Zurückgezogenheit, eine Verbindung, die auch die Zurückgezogenheit des jeweiligen Partners akzeptiert

– Vereinsamung innerhalb der Beziehung, fehlendes Verständnis dem*der Partner*in gegenüber, Sprachlosigkeit

Okay

Clarity of mind

AFFIRMATION

Typische Sätze des Eremiten

- Ich ziehe mich gerne zurück, um meine Gedanken zu sammeln und mich zu regenerieren.
- Ich habe eine tiefe spirituelle Verbindung und suche nach Weisheit und Erkenntnis.
- Ich bin unabhängig und brauche nicht die Gesellschaft anderer, um glücklich zu sein.
- Ich bin geduldig und gelassen und handle nur, wenn ich mich sicher und bereit fühle.
- Ich bin ein guter Zuhörer und stehe anderen gerne mit Rat und Tat zur Seite.
- Ich schätze meine Privatsphäre und genieße es, alleine zu sein.
- Ich bin bescheiden und demütig und erkenne, dass ich nicht alle Antworten habe.
- Ich lebe einfach und bin zufrieden mit dem, was ich habe, statt nach materiellen Dingen zu streben.
- Ich bin mutig und bereit, schwierige Entscheidungen zu treffen, wenn sie notwendig sind.
- Ich bin reflektiert und achte darauf, wie meine Handlungen und Worte andere beeinflussen.

NUR IN DER EINSAMKEIT KANN JEDER GANZ ER SELBST SEIN; IN IHR ALLEIN IST FREIHEIT.

Arthur Schopenhauer

Das Rad des Schicksals

Große Arkana
Trumpf 10

Numerologisch
10 = Umbruch und Wandel & das Auf und Ab des Lebens

Element
Feuer

Astrologische Entsprechung
Jupiter = Chancen, Glück & Schicksal

Musik
Post Malone: *Circles*

Nutze die Gelegenheit!

AM ZIELE DEINER WÜNSCHE WIRST DU JEDENFALLS EINES VERMISSEN: DEIN WANDERN ZUM ZIEL.

Marie von Ebner-Eschenbach

Aussage und Bedeutung

Wesen:

Das Rad des Schicksals steht für den steten Wandel des Lebens und für die Möglichkeit der Veränderung. Es zeigt dir, dass du dich nicht vor neuen Entwicklungen sperren sollst oder gar Angst haben musst. Letztendlich bedeutet es, dass wir nie stehenbleiben, sondern weiterkommen, Schritt für Schritt. Vielleicht fühlt sich die Veränderung ungewohnt und erst mal unbequem an, oder du hast dir das Ganze etwas anders vorgestellt. Oder du hast zu hohe Erwartungen an einen Menschen oder deine Umgebung gehabt. Dann überlege, warum sich die Dinge in eine andere Richtung bewegt haben! Ein Problem lässt sich erst lösen, wenn du dich ihm stellst. Vielleicht öffnen sich mit den neuen Konditionen auch ganz neue Optionen. Ergreife die Chance, die in dieser Möglichkeit liegt!

Allgemein:

+ Neubeginn, Fortschritt, Veränderung, Transformation, Zufall oder Schicksal, Evolution, Aufwärtsentwicklung, Karma, Wandel, Wachstum, Zyklus, Richtungswechsel, Gelegenheit, Chancen, Treffen von Entscheidungen, Meistern von Herausforderungen, Glück

– Unerwartete Veränderungen, große Herausforderungen, unvorhersehbare Ereignisse, Kontrollverlust, Instabilität oder Unsicherheit, unkalkulierbare Richtungswechsel, das Ziel aus den Augen verlieren

Beziehungen:

+ positive Veränderungen oder Wendepunkte in einer Beziehung, schicksalhafte Begegnungen, gute Phase innerhalb einer Beziehung, Chance und Glück für eine neue Partnerschaft

– enttäuschte Erwartungen, Angst vorm Loslassen, mangelnde Flexibilität und die Bereitschaft, sich an neue Bedingungen innerhalb der Beziehung anzupassen

AFFIRMATION

Typische Sätze des Rad des Schicksals

- Das Leben ist ein ständiger Wandel, ich akzeptiere die Veränderungen.
- Ich glaube daran, dass alles im Leben seinen Zweck hat.
- Ich bin bereit, mich den Herausforderungen des Schicksals zu stellen.
- Jede Handlung hat Konsequenzen, ich übernehme Verantwortung für meine Entscheidungen.
- Ich lasse mich von den höheren Kräften des Universums leiten.
- Ich vertraue darauf, dass sich am Ende alles zum Guten wenden wird.
- Ich bin offen für neue Möglichkeiten und Chancen im Leben.
- Ich akzeptiere, dass es Dinge gibt, die ich nicht kontrollieren kann.
- Ich glaube, dass das Schicksal mir die richtigen Lektionen zur richtigen Zeit gibt.
- Wiederkehrende Spiralen von Handlungen und Ereignissen können durchbrochen werden – der Ausweg heißt Erkenntnis.

DIE WEISESTEN VERSTEHEN DIE ZUKUNFT,
DIE WENIGER WEISEN DIE VERGANGENHEIT,
DIE NOCH WENIGER WEISEN DIE GEGENWART.

Lü Bu We

YOU ARE EXACTLY WHERE YOU NEED TO BE

Die Gerechtigkeit

Große Arkana
Trumpf 11

Numerologisch
11 = Unvollkommenheit, Empathie & Medialität

Element
Luft

Astrologische Entsprechung
Venus/Waage = Ausgewogenheit

Musik
A. Hamilton & E. Boynton: *Freedom*

BE KIND

Bleib fair!

DIE WAHRE FREIHEIT IST NICHTS ANDERES ALS GERECHTIGKEIT.

Johann Gottfried Seume

AUSSAGE UND BEDEUTUNG

Wesen:

Die Gerechtigkeit steht für Fairness, objektive Sichtweisen und eine neutrale Haltung. Es geht darum, vielleicht einem Menschen oder einer Auseinandersetzung (auch dir selbst) gegenüber klug und gerecht zu begegnen. Beurteile nicht vorschnell, sondern schaue dir das Ganze an, auch das, was dir vielleicht nicht gefällt, und triff erst dann eine kluge und vor allem auch neutrale Entscheidung! In deinen persönlichen Beziehungen geht es vor allem um die Begegnung auf Augenhöhe und um Kompromissbereitschaft. In einer ausgewogenen Zweierbeziehung haben beide das Recht auf Meinung und Handlungsspielraum. Hauptsache, ihr kommt einander entgegen.

Allgemein:

\+ Gerechtigkeit, Balance, Fairness, Objektivität, Vernunft, Rechtschaffenheit, Ausgeglichenheit, Klugheit, Neutralität, Urteilsvermögen, Ehrlichkeit, Aufrichtigkeit, Logik und Analysefähigkeit, Entschlossenheit und Standhaftigkeit

– Schicksal (wird als unfair empfunden), willkürliche Entscheidung, Übersensibilität für Ungerechtigkeiten, Grenzüberschreitungen, Selbstgerechtigkeit

Beziehungen:

\+ ausgewogene Partnerschaft, Beziehung auf Augenhöhe, faires Miteinander, Entspanntheit und Gelassenheit in der Beziehung

– schlechtes Gewissen, Unehrlichkeit, festgefahrene Fronten, Unausgewogenheit, unterschiedliche Charaktere mit unterschiedlichen Meinungen in einer Partnerschaft, unausgewogene Kräfteparität

AFFIRMATION

Typische Sätze der Gerechtigkeit

- Ich sehe die Dinge objektiv und neutral.
- Integrität und Ehrlichkeit stehen für mich an erster Stelle.
- Ich entscheide immer auf der Grundlage von Wissen, um eine angemessene Entscheidung zu treffen.
- Ich lasse mich nicht durch Meinungsmache oder Halbwissen beeinflussen.
- Meine Mitmenschen wissen um mein Urteilsvermögen und mein diplomatisches Geschick.
- Ich kämpfe für Gleichberechtigung.
- Ich handle nach den Prinzipien der Ethik und Moral.
- Ich schätze meine Unabhängigkeit und Selbstständigkeit.
- Ich verfolge einen gerechten Ausgleich und finde Lösungen, die für alle akzeptabel sind.
- Ich wäge sorgfältig ab und betrachte alle Perspektiven, bevor ich eine Entscheidung treffe.
- Ich sorge dafür, dass Täuschung und Ungerechtigkeit keinen Platz haben.
- Wenn andere ungerecht behandelt werden, mische ich mich sofort ein und sorge dafür, dass die Gerechtigkeit obsiegt.
- Amateure geben anderen die Schuld, Profis übernehmen Verantwortung.

DIE SCHÖNSTE FRUCHT DER GERECHTIGKEIT IST SEELENFRIEDEN.

Epikur

Der Gehängte

Große Arkana
Trumpf 12

Numerologisch
12 = Selbstaufgabe, Demut, Umkehr & neue Blickwinkel

Element
Wasser

Astrologische Entsprechung
Neptun/Fische = Geheimnisse, Klärung & Erleuchtung

Musik
Jupiter Jones: *Still*

seeing THINGS for WHAT THEY ARE

Erweitere deinen Horizont!

WER SICH VERIRRT, ENTDECKT VIELLEICHT NICHT DEN KÜRZESTEN WEG, ABER DEFINITIV DIE INTERESSANTESTEN SEHENSWÜRDIGKEITEN!

Aussage und Bedeutung

Wesen:

Der Gehängte ist eine Karte, die man leicht missverstehen kann. Aber wenn du genau hinschaust, hängt der Mann umgekehrt am Baum und ist putzmunter. Du hängst gerade fest und musst dich in Geduld üben. Der Gehängte hat die Perspektive gewechselt. Vielleicht muss er umdenken, weil ein Weg momentan nicht so funktioniert wie zunächst gedacht. Oder aber er betrachtet die Situation einmal anders oder aus der Sichtweise der Außenstehenden. Oftmals hilft dir die veränderte Perspektive, die Dinge frei von eigenen Barrieren und Einschränkungen anders wahrzunehmen und neue Lösungen zu finden oder eine neue Richtung einzuschlagen. Innerhalb einer Beziehung kann der Gehängte die Einladung sein, eure Beziehung einmal von außen oder aus der Sicht des*der Partners*in zu betrachten. Übe dich in Geduld! Der Gehängte ist auch ein Hinweis darauf, dass dieser Richtungswechsel Zeit braucht.

Allgemein:

+ Aufräumen mit alten Denkmustern und Verhaltensweisen, Herausforderungen, Wachstum, Akzeptanz, Geduld, Ruhe, Überprüfung des Selbstbildes, andere Perspektiven, Lösungssuche, Vertrauen, Hingabe, Erkenntnisgewinn

– Festhalten an Überholtem, Hilflosigkeit und Ausgeliefertsein, Stagnation, Stillstand, Ablehnung von Veränderungen, Perspektivlosigkeit

Beziehungen:

+ gegenseitige Aktzeptanz, Ausbrechen aus alten Mustern, Loslassen von Erwartungen, Hingabe, Geduld miteinander, karmische Verbindung, Geführtwerden, Vertrauen, Eingehen von Kompromissen, neue Perspektiven und Erkenntnisse, Umdenken

– Anhänglichkeit, Klammern, fehlendes Vertrauen, falsche Erwartungen, mangelnde Kompromissbereitschaft, Kontrolle, mangelnde Perspektiven

AFFIRMATION

Typische Sätze des Gehängten

- Ich gebe auf und lasse los, um zu wachsen.
- Vielleicht ist ein anderer Weg der richtigere?
- Wenn ich mich von alten Denkmustern und Verhaltensweisen löse, eröffnen sich neue Perspektiven.
- Ich habe gelernt, meinen Schmerz und mein Leid zu kanalisieren, und weiß, dass ich durch sie lerne und wachse.
- Geduld und Ruhe helfen mir in schwierigen Situationen, wichtige Erkenntnisse zu gewinnen.
- Ich richte mein Leben neu aus.
- Ich überprüfe sowohl mein Selbst- als auch mein Weltbild und bin bereit, es gegebenenfalls aufzugeben.
- Ich wechsle meine Perspektive.
- Eine klarere Sichtweise entsteht, wenn man die Dinge auch mal mit den Augen anderer betrachtet.
- Ab und an ist es gut, die Kontrolle aufzugeben und sich auf das Universum zu verlassen, um zu sehen, wohin das Leben mich führt.
- Bis hierhin und nicht weiter.
- Ich stelle mich den Herausforderungen des Lebens.

WO EIN ADLER NICHT FORT KANN,
FINDET EINE FLIEGE NOCH ZEHN WEGE.
Sprichwort

Der Tod

Große Arkana
Trumpf 13

Numerologisch
13 = Wandel & Umbruch

Element
Wasser

Astrologische Entsprechung
Skorpion = Seelentiefe, Tapferkeit, Furchtlosigkeit & Mystik

Musik
Johnny Cash: *Wayfairing Stranger*
oder
Wardruna: *Helvegen*

RELEASE

Nur keine Furcht!

WER LOSLÄSST, IST FREI!

AUSSAGE UND BEDEUTUNG

Wesen:

Die Karte Der Tod hat weniger mit dem physischen Tod zu tun, sondern vielmehr mit dem Ende von Phasen, Transformation und dem Zyklus des Lebens. Der Tod ermutigt dich, das Vergangene loszulassen und dich dem, was vor dir liegt, zuzuwenden. Abschiede und Enden tun weh, aber sie können auch den Weg für neue Chancen und Wachstum bereiten. Manchmal bedeutet es auch, Belastendes oder negative Einflüsse loslassen zu dürfen und sich dem zu öffnen, was dich inspiriert und stärkt. Konzentriere dich und deine Energie auf das Positive. Falls du in einer Beziehung oder Freundschaft festhängst, die sich eigentlich totgelaufen hat oder gar belastend ist, dann solltest du nicht länger versuchen, sie aufrechtzuerhalten, auch wenn ihr euch mal verbunden gefühlt habt. Sobald du loslässt, wird sich Erleichterung einstellen, auch wenn es dir im Augenblick noch schwer fällt.

Allgemein:

\+ Transformation, Loslassen, Abschiede, Neubeginn, Wachstum, Weiterentwicklung, Mystisches, Geheimnisvolles, (Seelen-) Tiefe, Reinigung, Klärung, Wiedergeburt, Ablegen alter Verhaltensmuster

– Mutlosigkeit, Kontrollzwang, Undurchschaubarkeit, Depressionen und Trägheit, krampfhaftes Festhalten

Beziehungen:

\+ tiefe Liebe, Seelenverwandtschaft, Innigkeit, Freiheit, Neuausrichtung, Geistigkeit, Sinnlichkeit, Aufrichtigkeit, natürliches Ende und Neuanfang

– oberflächliche Beziehung, Toxizität, Kurzfristigkeit, Leere, Gehaltlosigkeit, Banalität, fehlende Tiefe, Willkür, Trennung, mangelnde Freiheit

Go where you breathe free

AFFIRMATION

Typische Sätze des Todes

- Ich halte nicht fest, ich lasse los.
- Ich bin geheimnisvoll und manchmal undurchschaubar.
- Meine Themen sind der Abschied und der Neubeginn.
- Ich bevorzuge Klärung und Ehrlichkeit.
- Ich bin konsequent und unbestechlich.
- Ich richte mein Leben neu aus.
- Die Stille ist mir näher als das Laute.
- Ich bin tiefgründig.
- In tiefgreifenden Ereignissen sehe ich eine Chance.
- Ich bin ruhig und friedlich.
- Ich bin authentisch und natürlich.
- Ich bin der Abschluss eines Kapitels, aber auch der Anfang eines neuen Abenteuers.
- Ich bin die Veränderung, die unausweichlich ist, aber auch die Transformation, die notwendig ist, um neues Leben zu ermöglichen.
- Fürchte mich nicht, denn ich bringe nicht nur Ende, sondern auch Erneuerung und Wiedergeburt!
- Ich bin die Wandlung, die dich dazu ermutigt, alte Muster und Begrenzungen loszulassen, um Platz für Wachstum und Entwicklung zu schaffen.

IN JEDEM ANFANG LIEGT DIE EWIGKEIT.

Hugo von Hofmannsthal

Santa Muerte

Die mexikanische Frau des Todes

Die Karte ‚Tod' stelle ich als ‚Santa Muerte' dar, die vor allem in Mexiko und Süd-/bzw. Lateinamerika für den Tod steht. In den Armen hält sie weiße Rosen, ein Symbol des Lichts und des Neubeginns. Der Hintergrund ist nachtblau und steht somit für das Unbekannte, welches den Tod widerspiegelt. Noch wissen wir nicht, was danach kommt. Das Alte muss erst enden, bevor das Neue beginnen kann. Werden und Vergehen gehören, wie der Tag und die Nacht, zusammen.

‚Santa Muerte' lädt dich ein, die Vergangenheit hinter dir zu lassen und mutig der Zukunft entgegenzugehen, auch wenn es sich noch ungewohnt anfühlt und mit einem Rest Trauer verbunden ist. Ganz nach dem Motto: Wer loslässt, ist frei!

DER TOD UND SEIN RUF

Warum die Karte ‚Tod' zu Unrecht einen schlechten Ruf hat ...

Im Tarot geht es bei der Karte ‚Tod' nicht wirklich um das körperliche Ende, sondern um Transformation, Abschied und Neubeginn.
Die Zahl 13, die Nummer der Karte ‚Tod', steht für Wandel und Umbruch. Und letzteres geschieht da, wo man loslässt.

Wenn die Karte ‚Tod' auftaucht, geht es nicht ums Sterben. Dennoch stirbt etwas – in der Regel aber sterben falsche Verhaltensmuster, vielleicht auch falsche Vorstellungen, man wird wach und stellt sich der Realität.

Manchmal ist sie damit verbunden, etwas Altes zu beenden, um neu starten zu können. Auch sind oft Dinge, Beziehungen oder Verhaltensweisen überholt, ‚tot' und es lohnt sich nicht mehr, sie weiter zu verfolgen.
Häufig geht es auch um das Erkennen, dass deine Arbeit hier ‚getan ist'.
Verabschiede dich und akzeptiere, dass es bis hierhin ging, aber nicht weiter! Nun geht es anders weiter.

Der Tod beinhaltet auch schon einen ersten Hinweis auf die Entwicklung, die du vollziehen wirst. Wenn du mehr über diesen Fortschritt wissen willst, zieh einfach eine weitere Karte!
Sie gibt dir einen ersten Blick auf das, was kommt.

BEISPIEL: DER TOD UND DIE DAZU GEZOGENE KÖNIGIN DER SCHWERTER

Hier kommt der Aspekt der klar denkenden Schwert Königin zum transformativen Tod hinzu. Distanziere dich. Du hast intensiv und klug überlegt und weißt letztendlich, was zu tun ist. Kläre die Dinge für dich und mache dann einen eindeutigen Schnitt, wenn möglich! Du wirst unabhängig und frei neue Wege beschreiten können.

Die Mäßigkeit

Große Arkana
Trumpf 14

Numerologisch
14 = Disziplin, Gelassenheit, Geduld & Verständnis

Element
Feuer & Wasser

Astrologische Entsprechung
Venus = Harmonie, Ausgleich & das rechte Maß

Musik
Natalie Merchant: *Come on, Aphrodite*

CHOOSE
LOVE

Fingerspitzengefühl!

AUSDAUER IST KONZENTRIERTE GEDULD.
Thomas Carlyle

AUSSAGE UND BEDEUTUNG

Wesen:

Mit der Zahl 14 liegt die Mäßigkeit als Karte genau zwischen Tod und Teufel. Gegensätze wie Licht und Schatten, Freude und Leid sind nun im Gleichgewicht. Die Mäßigkeit steht deshalb für Ausgeglichenheit und ausgewogene Handlungen und Entscheidungen. Sie zeigt dir, dass du diese Zeit vielleicht als schwierig empfindest, aber alles gut wird. Was du auch anfasst: Mit deinem Feingefühl für den richtigen Augenblick und mit deinem Augenmaß sorgst du bei dir und in deiner Umgebung für Ausgewogenheit und Harmonie. Du schaffst es, dich und andere Menschen miteinander zu verbinden. Selbst gegensätzliche Parteien lassen sich von dir erweichen. Du verzauberst nicht nur deine*n Partner*in mit deiner offenen Art und Einfühlsamkeit. Nutze die Fähigkeit, zu vermitteln und Konflikte zu lösen!

Allgemein:

+ Ausgewogenheit, Harmonie, Ausgleich von Gegensätzen, eine objektive Haltung, Selbstdisziplin, Licht am Ende des Tunnels, Beharrlichkeit, Heilung und Erneuerung, Zeit des Friedens und der Ruhe nach Schwierigkeiten, Rekapitulation, Lernen aus Erfahrungen, spirituelle Entwicklung und Bewusstheit, Selbsterkenntnis und Wachstum

– Unklarheiten, Orientierungslosigkeit, Unflexibilität, Starrheit, Dogmatismus, Unausgewogenheit, mangelndes Durchhaltevermögen, die Ruhe vor dem Sturm

Beziehungen:

+ Gegensätze ziehen sich an, Verständnis, Harmonie, ausgeglichene Beziehung, Beziehung auf Augenhöhe, solide Partnerschaft, Verbundenheit trotz Unterschieden

– Schwierigkeiten, die eigenen Bedürfnisse zu kommunizieren, Konflikte und Streit, Unausgeglichenheit, Abhängigkeit

AFFIRMATION

Typische Sätze der Mäßigeit

- Ich suche Harmonie und Gleichgewicht.
- Ich bin geduldig und achtsam, wenn es darum geht, verschiedene Dinge miteinander zu verbinden.
- Ich bin eine Meisterin darin, gegensätzliche Kräfte in Einklang zu bringen und dadurch Synergien zu schaffen.
- Das Leben besteht aus Höhen und Tiefen.
- Mein Handeln und Denken zielen auf das Gesamtwohl ab und nicht nur auf das sofortige Ergebnis.
- Ich bin eine Quelle der Ruhe und Gelassenheit für andere Menschen.
- Meine Anwesenheit kann dazu beitragen, Spannungen zu lösen und Frieden zu bringen.
- Das Leben besteht aus Polaritäten und ich versuche, zwischen ihnen zu vermitteln.

TUGEND IST EIN MITTELWERT
ZWISCHEN ZWEI LASTERN,
DAS MAß LIEGT IN DER MITTE.

Aristoteles

Der Teufel

Große Arkana
Trumpf 15

Numerologisch
15 = Macht, Dominanz, Wirkung & Stärke

Element
Erde & Feuer

Astrologische Entsprechung
Pluto = Macht, Transformation & Obsessionen

Musik
Rolling Stones: *Sympathie for the Devil*
oder
Nick Cave and the Bad Seeds ft. Kylie Minogue:
Where the Wild Roses Grow

FREE
YOURSELF

Erkenne dich selbst!

DER EINZIGE WEG, EINE VERSUCHUNG LOSZUWERDEN, IST, IHR NACHZUGEBEN.

Oscar Wilde

Aussage und Bedeutung

Wesen:

Der Teufel deutet auf eine Situation hin, bei der du auf die Probe gestellt wirst. Diese Karte repräsentiert alles, was dich verführt und bindet, Versuchungen, Süchte und Laster, auch Abhängigkeiten innerhalb einer Lebenssituation oder von Personen in deinem Umfeld. In jedem Fall fordert der Teufel dich heraus, Stärke zu zeigen, dich aus Abhängigkeiten zu befreien und zu überprüfen, was du wirklich willst. Vielleicht wirst du durch äußere Umstände dazu gezwungen, wesentliche Aspekte deines Selbst zu unterdrücken. Oder du fühlst dich unwohl in deiner Umgebung oder unfrei in deinen Entscheidungen. Wenn du dich tatsächlich fremdbestimmt fühlst, zeige Willensstärke und befreie dich oder setze dich durch!

Allgemein:

+ Sinnlichkeit und Leidenschaft, animalische Natur, (Ur-) Instinkt, Kreativität, Energie, Überwinden von Hindernissen und Annehmen von Herausforderungen, Befreiung von einschränkenden Denkmustern und Überzeugungen, Wandlungsfähigkeit, gesteigerte Wahrnehmungsfähigkeit, Angstlosigkeit, Risikobereitschaft, Sinnlichkeit, Ausstrahlung

– Grenzüberschreitungen, Bewusstwerden der Schattenseiten und ungelösten Emotionen, die berühmte ‚Leiche im Keller' kommt ans Tageslicht, Ausuferungen, Übertreibungen, seelische Verstrickungen, Besessenheit, Verfolgen fixer Ideen, Niedertracht, Heimlichkeiten, Ängste, Handeln gegen Überzeugungen, Boshaftigkeit, zu hohes Risiko, seelische Abgründe

Beziehungen:

+ Leidenschaft, Reiz, Versuchungen, Aufregendes, Sensitivität, große Anziehungskraft, Spiel mit dem Feuer, Faszination

– Vertrauensbruch, Manipulation, Machtmissbrauch, Verblendung, Suchtverhalten, Drama, Tyrannei, Hörigkeit, Lüsternheit, seelische Verstrickungen, Stalking

AFFIRMATION

Typische Sätze des Teufels

- No risk, no fun!
- Für mich gibt es keine Grenzen.
- Herausforderungen und Hindernisse sind dazu da, überwunden zu werden.
- Her mit den Erfahrungen!
- Ich weiß um meine Schattenseiten.
- Nichts stellt sich mir in den Weg.
- Ich gehe meinen Instinkten nach und lebe sie auch aus.
- Wer mich reizt, dem zeige ich mein wahres Ich.
- Ich habe unbändige Energie und bin sehr kreativ.
- Ich trau mich was.
- Meine Ausstrahlung ist umwerfend.
- Ich brenne für meine Projekte und setze sie in die Tat um – komme, was wolle.
- Vorsicht! Wenn du mit mir zusammen bist, lässt du alle guten Vorsätze fallen.
- Du wirst kaum merken, dass ich dich manipuliere. Sei auf der Hut!

EIN TEIL VON JENER KRAFT,
DIE STETS DAS BÖSE WILL UND STETS
DAS GUTE SCHAFFT.

Mephisto, Faust I, Johann Wolfgang von Goethe

Der Turm

Große Arkana
Trumpf 16

Numerologisch
16 = Hindernisse, Belastung, Befreiung & Erschütterung,

Element
Feuer

Astrologische Entsprechung
Mars = Freisetzen von Energie

männliches Prinzip

Musik
Nancy Sinatra: *Bang Bang*
(My Baby Shot Me Down)

Lass es krachen!

WARUM KANN'S NICHT EINFACH MAL LEICHT SEIN?

Alberta

this will all make perfect sense someday

AUSSAGE UND BEDEUTUNG

Wesen:

Bis hierhin und nicht weiter! Der Turm zeigt dir auf, dass ein Umbruch notwendig wird oder schon stattgefunden hat und dich erst mal erschüttert, weil es so abrupt geschieht. Wenn du aber genauer hinschaust, wird dir klar, dass dieser Knall einfach notwendig war, um dich von schädlichen Verhaltensweisen, aus Irrwegen oder von dir nicht wohlgesonnenen Menschen zu befreien. Nach so einem heilsamen Schock erkennt man häufig die Chancen, die darin liegen. Du siehst plötzlich, dass es die eigenen Mauern sind, die du um dich herum, vielleicht als Schutz, aufgebaut hast und die nun gesprengt werden, um endlich den Menschen, den Arbeitsplatz oder die Wohnung zu finden, wo du du selbst sein darfst.

Allgemein:

+ Krise, schwierige Zeit, Chaos, Willkür, Desillusion, Aufbruch festgefahrener Muster und Gewohnheiten, Wandel, abruptes Ende, plötzliche Erkenntnis, Befreiung, Veränderung durch unvorhergesehene Ereignisse, Neuanfang, Erleuchtung

– Fatalismus, Erschütterung, Zusammenbruch, ungewollte Veränderung, Destruktion, Zerstörung, persönliche Katastrophe, fehlender Wille zu Veränderung und Anpassung

Beziehungen:

+ Befreiung aus alten Beziehungsmustern, längst ausstehender Schlussstrich, plötzliche Veränderung, Wandel, wichtige Erneuerung im Freundeskreis oder in Beziehungen, Ausbrechen aus verengten und erstickenden Verhältnissen

– unvorhergesehener Bruch, fehlende Einsicht unangenehmer Wahrheiten, als willkürlich wahrgenommener, aber notwendiger Zusammenbruch, Uneinsichtigkeit, fehlende Akzeptanz eines Schlussstriches

nothing CHANGES if nothing changes

AFFIRMATION

Typische Sätze des Turms

- Ich bin das Ereignis, das alles auf den Kopf stellt.
- Ich werde als Chaos, Willkür und Desillusion wahrgenommen.
- Ich bin die Notwendigkeit, alte Überzeugungen und Muster hinter sich zu lassen, um weiterzukommen.
- Zugleich bin ich aber auch Neuanfang und Aufbau eines neuen, solideren Fundaments.
- Es ist Zeit, sich von altem Ballast und überholten Überzeugungen zu befreien.
- Erkenne, dass im Leben steter Wandel und Veränderungen unausweichlich sind.
- Ich bin wie ein Sommergewitter nach einer Hitzeperiode: ohne Regen kein Leben ... und auf Regen folgt Sonnenschein.
- Mein Auftritt hat Sprengkraft.
- Auch härteste Schalen knacke ich.
- Vertraue mir, dass du gestärkt aus dieser Krise hervorgehen wirst.
- Ich bin dein Mut. Stelle dich den unangenehmen Wahrheiten, die bisher verdrängt wurden, um sie zu lösen!
- Ich sehe diese Veränderung als Chance für Wachstum und Weiterentwicklung, auch wenn es schmerzhaft ist.
- Ich erkenne, dass es notwendig ist, den alten Schutt abzutragen, um Platz für etwas Neues und Besseres zu schaffen.

AUF JEDES ENDE FOLGT WIEDER EIN ANFANG,
AUF JEDES ÄUßERSTE FOLGT EINE WIEDERKEHR.
LüBuWe

Der Stern

Große Arkana
Trumpf 17

Numerologisch
17 = Hoffnung, Klarheit, Schutz, Geborgenheit & Geführtwerden

Dritte Schutzkarte
positive Entwicklung & Erfolg

Element
Luft & Wasser

Astrologische Entsprechung
Jupiter/Wassermann = Zuversicht, Weitblick & Glück

weibliches Prinzip

Musik
David Bowie: *Space Odity*

CATCH THE WAVE

Folge deinem Stern!

WIR SIND ALLE AUS STERNENSTAUB

AUSSAGE UND BEDEUTUNG

Wesen:

Alles, was von dieser Karte angezeigt wird, steht unter einem guten Stern. Was auch immer du vorhast, du wirst einen guten Start haben und dein Vorhaben wird vielversprechend verlaufen und am Ende von Erfolg gekrönt sein. Der Stern weist auch darauf hin, dass es auf uns zurückfällt, wenn wir uns engagiert, offen und freundlich verhalten. Und sie zeigt, dass du Hilfe von außen bekommen wirst. Es gibt Menschen, die dich sehr wertschätzen, die dir helfen und dir gern nahe sind. Du darfst vertrauensvoll und zuversichtlich nach vorne schauen. Dein Vorhaben sieht erfreulich erfolgsversprechend aus. Die rosarote Brille ist hier angebracht.

Allgemein:

+ Hoffnung, Klarheit, tolle Aussichten, Glück, erfreuliche Ereignisse, Gelingen von Projekten und Vorhaben, Weisheit, Einblick in höhere Zusammenhänge, Bewusstsein über die eigenen Fähigkeiten, Erhalten eines Geschenks, Schutz, unter einem guten Stern stehen

– unrealistische Träume, Realitätsflucht, Verwirrung, Zweifel, Blockaden in der Kreativität und Vorstellung, fehlende Inspiration, Ignoranz der eigenen Intuition oder Gabe

Beziehungen:

+ glückliche Verbindung, große Liebe, Verbindung mit Zukunft, innige Freundschaft, Seelenpartnerschaft

– Mangel an Vertrauen und Optimismus aufgrund schlechter Erfahrungen, Blockade durch alte Wunden, Unfähigkeit oder Unwille zur Entfaltung des eigenen Potenzials

AFFIRMATION

Typische Sätze des Sterns

- Ich bin ein Symbol der Hoffnung und des Glaubens.
- Mein Geist ist erfüllt von Inspiration und kreativer Energie.
- Ich strebe danach, die Welt zu einem besseren Ort zu machen.
- Ich bin die Ruhe selbst und bringe dir Gelassenheit, selbst in schwierigen Zeiten.
- Ich bin mitfühlend und unterstützend gegenüber anderen.
- Meine Träume sind groß und ich habe den Mut, ihnen zu folgen.
- Ich glaube an das Universum und die Macht des Schicksals.
- Ich bringe Licht und Freude.
- Mein Name ist Optimismus und Hoffnung und ich sehe IMMER das Gute in allem.
- Meine Präsenz ermutigt andere, an sich selbst zu glauben und ihre Ziele zu verfolgen.
- Ich bin ein Türöffner - du musst nur hindurchgehen.
- Selbst in der dunkelsten Nacht weise ich dir den Weg.

WER AUF OFFENER SEE FÄHRT, RICHTET SICH NACH DEN STERNEN.

Wilhelm Busch

Der Mond

Große Arkana
Trumpf 18

Numerologisch
18 = Unterbewusstsein & Selbsterkenntnis

Element
Wasser

Astrologische Entsprechung
Mond/Krebs = Emotion, Intuition
& Empfänglichkeit

Musik
Audrey Hepburn: *Moon River*
oder
Frank Sinatra: *Fly Me to the Moon*

Im Mond manifestiert sich die Sehnsucht!

DER MOND SCHEINT DORTHIN,
WO DEIN VERBORGENES LIEGT.

AUSSAGE UND BEDEUTUNG

Wesen:

Der geheimnisvolle Mond steht für deine unbewusste Seite, den Gemütszustand, Launen und Ängste. Vielleicht machst du dir um etwas Sorgen und hast Angst, diesen Schritt zu tun oder eine Entscheidung zu treffen. Es kann auch eine Stärke sein, Unsicherheit zu zeigen und abzuwarten, bis man klar sieht. Sind diese Ängste irrational, solltest du dich ihnen stellen und den Weg der Angst gehen. Er wird dich ans Ziel führen. Manchmal deutet der Mond auch auf romantische und tiefe Gefühle hin. Hier gilt es, zu überprüfen, ob dich deine Sehnsüchte und Träume zum Ziel führen oder du dich erst einmal am Machbaren orientieren solltest. In jedem Fall zeigt der Mond dir deine Seele und dein Inneres. Eventuell hast du das ein wenig vernachlässigt und nun wird es Zeit, dies zu ergründen.

Allgemein:

+ Schöpfen von Kraft aus dem Unbewussten, Träume, Instinkt, Tiefgang, Sehnsucht, die Seele, Visionen, tiefe Einsichten und Selbsterkenntnis, das Unterbewusstsein, Überwinden von Angst, Erreichen von Ungeahntem, Erreichen des Lichts am Ende des Tunnels, Betreten von Neuland, die Nacht

– Stimmungsschwankungen, Irritationen, Selbstmitleid, Übersensibilität, Festhalten an Überaltertem, Chaos, Albträume, Erleben von Angst, Weltschmerz, Bedrückung, Illusion, Irrtum, Unsicherheit, Verlust des Zugangs zu sich selbst, Enttäuschung, Bauen von Luftschlössern, die Finsternis, Abgründe der Seele

Beziehungen:

+ tiefe Emotionen, große Gefühle, außergewöhnliche Liebe, inspirierende Partnerschaft, ernsthafte Beziehung, wichtige Begegnung, Umsorgen, Romantik

– Eifersucht, Unklarheiten, ungestillte Sehnsucht, Geheimnisse, Klammern, falsche Vorstellungen

AFFIRMATION

Typische Sätze des Mondes

- Ich bin mir meiner Abgründe bewusst.
- Ich bin geheimnisvoll und manchmal undurchschaubar.
- Ich bin eine Nachteule.
- Manchmal weiß ich nicht, wonach ich mich sehne.
- Ich habe Visionen, aber auch dunkle Vorahnungen.
- Ich habe lebhafte Fantasien (und nutze sie auch beruflich).
- Ich bin bereit, durch das Dunkel zu gehen, um dem Licht zu begegnen.
- Ich bin eher introvertiert als extrovertiert.
- Das Tiefgründige ist mir näher als das Oberflächliche.
- Manchmal bin ich sehr unsicher und ängstlich.
- Hin und wieder verrenne ich mich in Hirngespinsten.
- Ich bin romantisch und nah am Wasser gebaut.

DIE SONNE SCHEINT AUF DAS OFFENSICHTLICHE. DAS MONDLICHT ABER OFFENBART DEIN UNSICHTBARES.

Alberta

FLY ME TO THE MOON

ACHT MONDPHASEN
NEUMOND
ZEIT FÜR NEUANFÄNGE
+ MONDSICHEL
ZEIT FÜR WACHSTUM
+ HALBMOND
ZEIT FÜR KREATIVITÄT
+ DREIVIERTELMOND
ENERGIE AM HÖHEPUNKT
VOLLMOND
ZEIT FÜR GENUSS & HEILUNG
- DREIVIERTELMOND
ZEIT LOSZULASSEN
- HALBMOND
ZEIT ZUM ENTSPANNEN
- MONDSICHEL
ZEIT FÜR REFLEKTION
Vom Mond aus betrachtet spielt das Ganze gar keine so große Rolle …
- = ABNEHMEND
+ = ZUNEHMEND

NICHTS IST MÄCHTIGER
ALS EINE IDEE
ZUR RICHTIGEN ZEIT.
ANONYM

ACHT MONDPHASEN

Wie wichtig ist unser stiller Begleiter?

Ohne den Mond hätte sich wahrscheinlich kein Leben auf unserer Erde entwickeln können. Er stabilisiert die Erdachse und macht unsere Jahreszeiten und die Lebensvielfalt hier erst möglich.
Das Meer wird von ihm angezogen, manch einer scheint ‚mondsüchtig' zu sein und bei Vollmond schlafzuwandeln und wegen seiner zyklischen Veränderungen wird er sogar mit der weiblichen Menstruation in Verbindung gebracht. Kein Wunder also, dass wir Gedichte über ihn schreiben und sehnsuchtsvoll zu ihm aufschauen – dem Mondlicht wohnt ein Zauber inne!

Während eines 29,5-Tage-Zyklus nimmt der Einfluss des Mondes auf unsere Erde und damit auch auf unseren Organismus zu und wieder ab.

Diese Mondphasen können uns dabei unterstützen, unsere Wünsche und Ziele zu verwirklichen, sowie beim ‚Loslassen' aller Art helfen.

Schau in den Mondphasen-Kreis:

Der Neumond eignet sich wunderbar für einen Neustart, die zunehmenden Mondphasen, um Dinge in die Tat umzusetzen. Wenn der Vollmond aufgeht, wird es Zeit, loszulassen und sich von Belastendem zu trennen.

Die Sonne

Große Arkana
Trumpf 19

Numerologisch
19 = Glück, Liebe, Dankbarkeit & Lebensfreude

Element
Feuer

Astrologische Entsprechung
Sonne = Freude, Kreativität & Leben

weibliches Prinzip

Musik
Xavier Rud: *Follow the Sun*

KEEP SMILING

Shine a light!

DIE SONNE IST NEU JEDEN TAG.

Heraklit

Aussage und Bedeutung

Wesen:

Die Sonne tut das, was sie am besten kann: Wärme spenden, Lebendigkeit versprühen und allem eine positive Ausstrahlung geben. Du darfst dich freuen, wenn du diese Karte gewählt hast. Du fühlst dich lebendig und hast das notwendige Selbstbewusstsein, um auch schwierige Projekte oder Lebenssituationen mit Leichtigkeit zu meistern. Dir fallen die guten Ideen einfach in deinen Schoß und deine Schaffenskraft scheint endlos. Zudem wirken deine Ausstrahlung und Fröhlichkeit anziehend auf andere Menschen und eine potentielle Partnerschaft. Stelle dein Licht nicht länger unter den Scheffel, du wirst deine eigene Situation und andere Menschen in deinem Umfeld positiv beeinflussen! Shine on!

Allgemein:

+ Freude, Glück und Erfüllung, Gelingen, tolle Aussichten, Erfolg und Anerkennung, Großzügigkeit und Güte, Optimismus, Zuversicht, Klarheit, Verständnis, Energie, Wendung zum Guten, schöne Erlebnisse, Lebensfreude, ein Gefühl wie neugeboren

– Überheblichkeit oder Arroganz (können zu Konflikten oder Entfremdung führen)

Beziehungen:

+ Sinnlichkeit und Leidenschaft, Wärme, verheißungsvolle Begegnung, Aussöhnung, Wiedersehen alter Freunde, sonnige Zeiten, Umsorgt- und Verwöhntwerden, glückliche Beziehung, glückvolle Verbindungen, gegenseitiges Verständnis, intensive Liebe, wunderbare Freundschaften, tolle Kolleg*innen

– Geben, aber nicht Nehmen, Ignoranz der negativen Eigenschaften des*der Partners*in, Idealisierung des*der Partners*in über das Maß hinaus

BE HAPPY

AFFIRMATION

Typische Sätze der Sonne

- Ich strahle vor Freude und Optimismus.
- Ich fühle mich lebendig und strotze vor Energie.
- Mein Herz ist erfüllt von Liebe und Wärme.
- Ich bin im Einklang mit mir selbst und meiner Umgebung.
- Das Glas ist halb voll – immer!
- Ich sehe die Welt aus einer positiven und lichtvollen Perspektive.
- Meine Präsenz bringt anderen Menschen Freude und Glück.
- Ich finde stets das Gute in jeder Situation und lasse mich nicht von Negativität beeinflussen.
- Ich spüre eine tiefe Verbundenheit mit der Natur und den natürlichen Rhythmen des Lebens.
- Meine Heimat sind der Frühling und der Sommer.
- Ich strahle Selbstvertrauen aus und bin bereit, meine Talente und Fähigkeiten zu entfalten.
- Ich folge meinem Herzen und bringe mein wahres Selbst zum Ausdruck.
- Think pink!
- Ich bringe dir Zuversicht und berechtigte Hoffnung.

WAS DU DENKST, BIST DU. WAS DU BIST, STRAHLST DU AUS. WAS DU AUSSTRAHLST, ZIEHST DU AN.

Buddha

Das Gericht

Große Arkana
Trumpf 20

Numerologisch
20 = Wiedergeburt, Vertrauen & die Befreiung der Seele

Element
Feuer & Wasser

Astrologische Entsprechung
Mond/Wassermann = Weisheit, Befreiung & Erlösung

Musik
B. Boydoder:
The Last Goodbye

you already are

Transformation

FREIHEIT BEDEUTET, SELBSTBESTIMMT UND OHNE ANGST ZU LEBEN.

AUSSAGE UND BEDEUTUNG

Wesen:

Eine wichtige Phase in deinem Leben mit tiefgreifenden Erfahrungen endet oder liegt schon hinter dir. Du wirst diese Zeit als Erlösung und Befreiung wahrnehmen und verändert wie ein neuer Mensch daraus hervorgehen. Vielleicht stehst du auch kurz vor einem persönlichen Ziel und kämpfst mit deinem inneren Schweinehund auf der Zielgeraden. Halte durch und verliere nicht den Mut. Es lohnt sich, diesen Weg bis zum Ende zu gehen und die alten Belastungen und Sorgen endlich hinter dir zu lassen. Hierin liegt das große Potenzial, zu wachsen und zu sich selbst zu finden. Dieses Öffnen und Erblühen deines Selbst wird auch deiner Umgebung ins Auge fallen. Vielleicht hebst du ja deinen ganz eigenen, persönlichen Schatz?!

Allgemein:

+ Transformation, Wandlung, Ausgewogenheit, langersehnte Klarheit, Vergebung, Gerechtigkeit, Wahrhaftigkeit, Befreiung von Schuld oder Last, Erleichterung, Heilung, eine spirituelle Erkenntnis oder eine wichtige Erfahrung, inneres Wachstum, Erlösung, Heben eines ‚Schatzes'

– Schuldgefühle, Selbstverurteilung, Selbstsabotage, Selbstverleugnung, Angst vor Bestrafung, Angst vor negativen Konsequenzen, Unwille, zu verzeihen oder zu vergeben, Verschlossenheit

Beziehungen:

+ Versöhnung, Finden des ‚Schatzes', glückliche Begegnung, tiefe Gefühle, Bedingungslosigkeit, ehrliche, gegenseitige Liebe, Aufrichtigkeit, Verständnis füreinander

– Unfähigkeit oder Unwille, zu verzeihen, Empfinden von Ungerechtigkeit oder Unaufrichtigkeit, Unwille, Entscheidungen zu treffen, Unwille oder Unfähigkeit, Konflikte zu lösen

AFFIRMATION

Typische Sätze des Gerichts

- Ich bin mir der Konsequenzen meiner Taten ganz bewusst.
- Ich kann um Vergebung bitten und erhalte sie auch.
- Eine Phase der Entscheidung und des positiven Wandels steht bevor und ich bin bereit, mich anzupassen.
- Die Vergangenheit liegt hinter mir. Ich bin bereit, zu reflektieren und daraus zu lernen.
- Alles bedingt einander: Wie man in den Wald hineinruft, so schallt es heraus.
- Ich befreie mich von alten Mustern und Belastungen, um einen Neuanfang zu machen.
- Ich erkenne meine Stärken und Schwächen an und übernehme Verantwortung für mich.
- Ich bin ehrlich und aufrichtig anderen Menschen gegenüber.
- Ich glaube an Heilung und Wiedergutmachung und bin bereit, diesen Prozess zu durchlaufen.
- Ich zeige dir die Möglichkeit zu einer Transformation, die dein Leben in positive Bahnen lenken kann.

DIE SEELE KOMMT ALT ZUR WELT, ABER SIE WIRD JUNG.
DAS IST DIE KOMÖDIE DES LEBENS.

Oscar Wilde

Die Welt

Große Arkana
Trumpf 21

Numerologisch
21 = Erfüllung, Selbsterkenntnis & Universum

Element
Erde

Astrologische Entsprechung
Jupiter/Saturn = ein glückliches Ende

neutral

Musik
Cass Elliot: *Dream a Little Dream of Me*
oder
Carpenters: *Top of the World*

Ankunft

VON DEM MOMENT AN, IN DEM ES LAUFEN KANN,
WEIß DAS KIND, WIE MAN REIST.

anonym

AUSSAGE UND BEDEUTUNG

Wesen:

Alles fühlt sich rund und richtig an, da, wo du nun bist. Du hast hart gearbeitet, deine Erfahrungen und Kenntnisse geschickt eingesetzt und bist endlich an deinem Platz angekommen. Du hast nun alles erreicht oder du wirst demnächst erreichen, was du erreichen wolltest, und bist bestens gewappnet, um zukünftigen Prüfungen oder schwierigen Situationen mit Gelassenheit zu begegnen. Alles, was du zu deinem Glück brauchst, steht dir zur Verfügung. Auch in deinen Partnerschaften fühlst du dich willkommen und geliebt. Vielleicht weißt du eine Beziehung oder Freundschaft nun richtig zu schätzen und empfindest große Dankbarkeit. In jedem Fall bist du an deiner Lebenssituation gewachsen und gehst gestärkt aus dem hinter dir liegenden Weg hervor. Besser geht es nicht, denn du hast die Welt in deinen Händen, genieße es! Neue Abenteuer warten auf dich.

Allgemein:

+ Erfüllung, Vollständigkeit, Harmonie, Erfolg, Vollendung, Perfektion, neue Chancen, Offenheit, Dankbarkeit, Fülle, Selbstvertrauen, Ankommen, Ziel, Zuhause, Heimat, Glück

– Überforderung, Stagnation oder Langeweile nach Erreichen des Ziels, Fall ins schwarze Loch, Ausruhen auf den Lorbeeren, Unwille, sich den kommenden Herausforderungen zu stellen, ‚nur' ein Etappenziel

Beziehungen:

+ Finden des*der Seelenpartners*in, Partnerschaft, die einem das Gefühl gibt, angekommen zu sein, Einklang und Harmonie, Freiheit und Heimatgefühl in der Partnerschaft, gutes Zusammenleben, Volltreffer, sich gefunden haben, ‚One in a million', Langfristigkeit

– Überdruss in der Partnerschaft, Freiheitswunsch, Einengung aufgrund übertriebener Harmonie und Nähe

NUR IM VORWÄRTSGEHEN GELANGT MAN ANS ENDE DER REISE.

Sprichwort aus Afrika

AFFIRMATION

Typische Sätze der Welt

- Ich habe meine Ziele erreicht und fühle mich erfüllt.
- Mein Leben ist eine endlose Reise voller Erfahrungen und Abenteuer und ich stelle mich neuen Herausforderungen.
- Ich bin mit mir selbst im Einklang und fühle eine tiefe Zufriedenheit.
- Ich sehe die Verbindung zwischen allen Dingen und Menschen.
- Meine Weisheit und Erfahrungen dienen als Quelle der Inspiration für andere.
- Ich bin angekommen. Die Mühen haben sich gelohnt.
- Ich bin offen für neue Möglichkeiten und bereit, meine Komfortzone zu verlassen.
- Ich bin eins mit dem Universum und spüre, dass alles miteinander verbunden ist.
- Alles, was ich anpacke, gelingt.
- Ich bringe mein volles Potenzial zum Ausdruck und inspiriere.

WIR TRÄUMEN VON REISEN IN DAS WELTALL: IST DENN DAS WELTALL NICHT IN UNS?

Novalis

Ass der Kelche

Kleine Arkana

Element Wasser

Astrologische Entsprechung Neptun/Sonne = Erfüllung

Glückskarte

Die Zahl Eins, das Ass, in den Kleinen Arkana steht für den Beginn einer neuen Phase. Sie zeigt die Entstehung von etwas Neuem an und gibt einen Hinweis auf eine Chance mit großem Potenzial, die es zu ergreifen gilt. Sie ist die höchste Zahl unter den Kleinen Arkana.

Das Ass der Kelche repräsentiert …

… als Wasser-Element den Auftakt einer glücklichen Phase, eines neuen vielversprechenden Projekts, eventuell auch einer romantischen Beziehung mit tief empfundener Liebe und Zuneigung. Das Ass der Kelche ist auch ein Hinweis darauf, dass du deine Berufung gefunden hast und Anerkennung und Erfüllung erfährst. Falls du vor lauter Glück deine alltäglichen Notwendigkeiten vernachlässigst oder etwas zu ausschweifend lebst, warnt es dich davor, weitere tolle Chancen zu übersehen.

Allgemeine Bedeutung

\+ Glück, Freude, Erfüllung, positive Entwicklung, emotionale Reife, glückliche Phase oder Fügung, emotionale Stärke, Ausgeglichenheit, spirituelles Erleben, innere Zufriedenheit

Herausforderungen

– überwältigende emotionale Intensität, Enttäuschung durch unrealistische Erwartung, Vernachlässigung wichtiger Aspekte des Lebens, Aufrechterhaltung der eigenen Authentizität

EIN GLÜCKLICHER ANFANG

Ergreife die Chance!

Zwei der Kelche

Kleine Arkana

Element Wasser

Astrologische Entsprechung

Venus = schöne Begegnung

Die Zahl Zwei in den Kleinen Arkana steht für die Dualität, das Konzept von Gegensätzen, Polaritäten und das Zusammenkommen zweier Kräfte wie Himmel und Erde, Geist und Materie. Dies kann sich auf Partnerschaften, Beziehungen oder die Vereinigung von Gegensätzen beziehen. Die Zwei möchte ein Gleichgewicht herstellen und kann auch für Zusammenarbeit stehen.

Die Zwei der Kelche repräsentiert …

… als Wasser-Element die Beziehung zweier Menschen (beruflich wie auch privat in Liebe oder Freundschaft), Empathie füreinander, gegenseitiges Entgegenkommen und Versöhnung. Hier ist guter Teamgeist an der Tagesordnung. Vielleicht bist du sogar gerade auf dem besten Weg, dich zu verlieben, oder du triffst auf jemand Gleichgesinnten, der mit dir ein Herzensprojekt in die Tat umsetzt. Die Kelch Zwei gibt dir außerdem den Hinweis, nicht passiv zu bleiben oder abzuwarten, bis das Glück dich findet. Manchmal will das Glück auch gefunden werden oder ein Zeichen von dir bekommen, dass du bereit bist dafür. Suche die Begegnung und genieße die Harmonie.

Allgemeine Bedeutung

+ glückliche Verbindung, außergewöhnliche Begegnung, Harmonie, Unterstützung, Seelenverwandtschaft, Willkommenheißen und -sein, liebevolles Miteinander, Verlieben, Aussöhnung, Zärtlichkeit, Verständnis, gutes Arbeitsklima, Offenheit und Sympathie, eine schöne Zeit, gegenseitige Verbindung, Zugewandtheit, Vertrauen, Wertschätzung, Intimität, Romantik

Herausforderungen

– Gutgläubigkeit, Naivität, Gefahr, die Bodenhaftung zu verlieren, Blauäugigkeit, Gefahr, enttäuscht zu werden, weil man nur das Positive sehen will, Neigung zu Passivität, Harmoniesucht

EINE HARMONISCHE VERBINDUNG

Seelenverwandtschaft!

Drei der Kelche

Kleine Arkana

Element Wasser

Astrologische Entsprechung

Venus = Kunst & Kreativität

Die Drei im Tarot ist Ausdruck von Trinität. Sie weist auf das Gleichgewicht zwischen Körper, Geist und Seele hin. Sie symbolisiert auch Geselligkeit, Zusammenarbeit und Teamwork und ermutigt dazu, sich mit anderen zu verbinden, gemeinsame Ziele zu verfolgen und Unterstützung in der Gemeinschaft zu finden. Ebenso steht die Drei für Wachstum, Entwicklung und Fortschritt und zeigt die Fähigkeit auf, Ideen in die Welt zu bringen, sich anzupassen und Veränderungen anzunehmen.

Die Drei der Kelche repräsentiert …

… als Wasser-Element die Interaktion von Freunden, Familie oder Kollegen, ein positives Gemeinschaftsgefühl und kreativen Austausch. Eine harmonische Zeit voller Fülle, Inspiration, Erfolge und Frieden. Vielleicht hast du gerade eine Prüfung oder eine besondere Phase in deinem Leben geschafft oder eine schwierige Situation gemeistert. Was es auch ist, du hast es verdient, du darfst stolz auf dich sein und andere freuen sich mit dir. In wenigen Fällen ist die Kelch Drei eine Warnung davor, zügellos zu werden und deine glücklich erworbene Reife nicht weiter ausbauen zu wollen. Dennoch: Man soll die Feste feiern, wie sie fallen!

Allgemeine Bedeutung

+ Dankbarkeit, Freude, Feiern und Glück, Zusammenkunft von Freunden, Familie oder sonstigen Gemeinschaften, gemeinsame Erfolge, Wertschätzung, beste Freunde, Lieblingsmenschen, wohltuende Verbindungen, gute Zusammenarbeit, Harmonie und Frieden, Fülle und Überfluss, Kreativität und Inspiration

Herausforderungen

– oberflächliche Freude, Ausschweifungen, Rausch, Übermut, sozialer Druck und Erwartungen, gezwungene Unterordnung, Verzögerungen, Meinungsverschiedenheiten

ALLES FLIEßT UND SPRIEßT

Viva la Vida!

Vier der Kelche

Kleine Arkana

Element Wasser

Astrologische Entsprechung

Mars im Krebs: Ängste & Unbehagen

Die Zahl Vier in den Kleinen Arkana vermittelt Stabilität und Sicherheit, aber auch eine gewisse Unbeweglichkeit. Sie steht für Struktur, Strenge und Kontrolle und kann für Unterkühlung und Nüchternheit sorgen, die je nach Frage eine Notwendigkeit oder aber eine Herausforderung darstellen.

Die Vier der Kelche repräsentiert ...

... als Wasser-Element das Bedürfnis nach emotionaler Stabilität und Harmonie. Sie ermutigt dich dazu, trotz Ängsten oder Verdrossenheit die Augen für gute Chancen offenzuhalten. Sie zeigt die Gefahr an, aufgrund von Unsicherheiten wie Trotz oder Unmut DIE Gelegenheit zu verpassen.

Allgemeine Bedeutung

+ Rückzug, Zurückgezogenheit und Isolation, meditative oder introspektive Phase, Überdenken der aktuellen Situation oder von Beziehungen, Unzufriedenheit, Langeweile oder Desinteresse, Ignorieren oder Ablehnen von Angeboten oder Chancen, fehlende Motivation und Energie, Vermeidung von Veränderungen oder Herausforderungen, mangelnde Kommunikationsfähigkeit, Chance zur Klärung und Selbstreflexion

Herausforderungen

– Verpassen von Chancen, Desinteresse, Ablenkung, mangelnde Motivation, Vermeidung von Problemen oder Herausforderungen, Stagnation, Energielosigkeit, Lustlosigkeit, Verdrängung der Realität, Gefahr der Isolation, Depression, Burnout

Mut ist, wenn man's trotzdem macht!

ALBERTA

Fünf der Kelche

Kleine Arkana

Element Wasser

Astrologische Entsprechung

Saturn/Mond/Venus = Abschied, Kummer & Schmerz

Die Zahl Fünf in den Kleinen Arkana steht für Dynamik, Herausforderungen, Hindernisse, auch für Schwierigkeiten und Veränderung. Sie löst gern Chaos aus und zeigt manchmal innere oder äußere Konflikte an. Sie weist dich darauf hin, beweglich zu bleiben und aus Fehlern zu lernen. Die Fünf hilft dir, zu wachsen.

Die Fünf der Kelche ...

... steht für emotionale Herausforderungen und die Überwindung von Traurigkeit und Schmerz. Vielleicht warst du an einem Konflikt nicht ganz unbeteiligt und weißt nun nicht so richtig, wie du das wieder geradebiegen sollst. Oder du siehst vor lauter Trauer um einen Verlust (das Bild der drei umgekippten Kelche auf der Karte) die Chance auf die positive Veränderung nicht, die hierin liegt. Deshalb ist die Kelch Fünf oft ein Hinweis darauf, sich aufzurichten und nicht mehr in seinem Schmerz zu vergraben, sondern nach vorne zu schauen, denn da zeigen sich bereits neue Chancen und Möglichkeiten (das Bild der zwei aufrechten, gefüllten Kelche auf der Karte).

Allgemeine Bedeutung

+ Zulassen von Emotionen, Lernen aus Fehlern, Ändern alter Verhaltensmuster, Finden von Frieden durch Vergebung und Versöhnung, Fokussierung auf eigene Ziele und Interessen, Gewinnen wichtiger Einsichten, die Chance, ungesunde Beziehungen aufzulösen und neue aufzubauen

Herausforderungen

– Verlust, Trauer und Schmerz, Enttäuschung oder Verrat, Konflikte, Unfähigkeit, verzeihen zu können, negative Gedanken und Emotionen, Wut, Schuldgefühle und Scham, Rachegefühle, Selbstsabotage, Verarbeitung und Bewältigung von Traumata, Misstrauen und Angst vor Enttäuschungen, Festhalten am Leid

HALTE NICHT AN DEM FEST, WAS VERLOREN IST.
Siehe das Gute, was vor dir liegt!

Sechs der Kelche

Kleine Arkana

Element Wasser

Astrologische Entsprechung

Mond/Fische/Krebs = Sehnsucht, Erinnerung & Verträumtheit

Die Zahl Sechs in den Kleinen Arkana repräsentiert eine Phase des Gleichgewichts, der Stabilität und des Übergangs. Sie steht für Harmonie, Zusammenarbeit, ebenso wie für Wachstum und Fortschritt. Manchmal ist sie auch als Einladung zu verstehen, dort für Versöhnung zu sorgen, wo Disharmonie herrscht.

Die Sechs der Kelche ...

... steht für die Erinnerung an deine Wünsche und Sehnsüchte. Sie fragt dich, ob deine Pläne rückblickend aufgegangen sind und ob du deinen Herzensweg konsequent verfolgt hast. Vielleicht empfindest du Dankbarkeit im Hinblick auf das, was du geschafft hast und was hinter dir liegt. Solch eine Rückschau führt immer dann zu Wehmut, wenn du merkst, dass du deine Wünsche ein wenig aus den Augen verloren hast. Dann ist die Kelch Sechs eine Erinnerung daran, diese Pläne vielleicht wieder in Angriff zu nehmen. Aber verlier dich nicht in Vergangenem! Schau nach vorne und überlege, wie du nun gern weitermachen möchtest!

Allgemeine Bedeutung

\+ Nostalgie, (positive) Erinnerungen, Wiederentdeckung alter Freundschaften, Finden von Freude und Glück in der Gegenwart, Profitieren von positiven Erfahrungen aus der Vergangenheit, Vertiefung von Beziehungen und Freundschaften, Vergebung und Heilung, Entfaltung verborgener Fähigkeiten, Erfüllung alter Wünsche und Sehnsüchte, Freude und Unbeschwertheit, Zufriedenheit und Glück

Herausforderungen

– Festhalten der Vergangenheit, Selbstmitleid, Alltagsflucht, Vermeidung von Herausforderungen, Unfähigkeit, zu genießen, Flucht vor Problemen und Konflikten, Vermeidung neuer Beziehungen, Ziellosigkeit

ERINNERUNG IST DAS EINZIGE PARADIES, AUS DEM WIR NICHT VERTRIEBEN WERDEN KÖNNEN.

Jean Paul

Sieben der Kelche

Kleine Arkana

Element Wasser

Astrologische Entsprechung

Neptun = Illusion & Weltflucht

Die Zahl Sieben in den Kleinen Arkana steht für Reflexion, Suche nach Wahrheit und innere Entwicklung. Sie kann aber auch, je nach Element oder Position in der Legung, eine Phase der Unsicherheit anzeigen. Zudem gilt die Sieben in vielen Kulturen als Glückszahl oder magische Zahl und als Symbol für Vollkommenheit und göttliche Führung. Daher wird sie auch mit Spiritualität, Weisheit, Intuition und geistiger Erkenntnis in Zusammenhang gebracht. Herausfordernd kann die Zahl Sieben sein, wenn Intuition und rationales Denken nicht im Gleichgewicht sind. Umso wichtiger ist und bleibt hier die Selbstreflexion.

Bei der Kelch Sieben geht es um …

… Wunschziele und Träume, was davon für dich wirklich wichtig und richtig und was eher Illusion ist. Die Sieben der Kelche fragt danach, ob du ein paar Dinge zu rosig siehst. Falls dem so ist, sei ehrlich zu dir selbst und überlege, was sich wirklich davon umsetzen lässt. Bleib realistisch, arbeite konzentriert an den werthaltigen Zielen und lass dich nicht von ihnen abbringen!

Allgemeine Bedeutung

+ Tagträume, Illusionen, eine wichtige Entscheidung, Wünsche, viele Alternativen, Idealismus, Suche nach Wahrheit und Weisheit, Gratwanderung, vorsichtiger Umgang mit Wünschen, Aufforderung, genau hinzuschauen und hinzuhören

Herausforderungen

– Zeit zu handeln, anstatt sich Illusionen hinzugeben, den Wald vor lauter Bäumen nicht sehen, Realismus statt Idealismus, Treffen von Entscheidungen, Finden von Balance, Entlarven des äußeren Scheins, Überforderung aufgrund von zu vielen Auswahlmöglichkeiten

DER TRAUM IST DER BESTE BEWEIS, DASS WIR NICHT SO FEST IN UNSERER HAUT EINGESCHLOSSEN SIND, ALS ES SCHEINT.

Christian Friedrich Hebbel

Acht der Kelche

Kleine Arkana

Element Wasser

Astrologische Entsprechung Vollmond/ abnehmender Mond = Loslassen, auch wenn es schwerfällt

Achtung! Die Acht im Tarot, insbesondere in den Kleinen Arkana, steht für kraftvolle Energie, Stärke, Macht und Erfolg. Eine liegende Acht, das alte Symbol der Lemniskate, steht für die Unendlichkeit. Deshalb wird die Acht auch mit einer ständigen Bewegung, einer unendlichen Schwingung in Verbindung gebracht.

Die Acht der Kelche steht ...

... als Wasser-Element dafür, dass du dich schweren Herzens aus einer Situation oder Beziehung löst oder von einer (überholten) Vorstellung oder Herangehensweise verabschiedest und deinen eigenen Weg gehst. Letztendlich ist es der Weg der Freiheit. Vielleicht fühlt es sich noch ungewohnt an, da du etwas loslässt, was dich eine ganze Zeit lang begleitet und funktioniert hat. Tief in deinem Inneren kennst du den Weg und wirst bald merken, wozu es gut war, ihn zu beschreiten.

Allgemeine Bedeutung

+ Aufbruch, Abschied, Umstellung, Loslassen, Freiheit, Spannung, Selbstständigkeit, Abnabelung, Beschreiten eigener Wege, Entschlossenheit, freudige Gespanntheit

Herausforderungen

– Trennungsschmerz, Wege ins Ungewisse, Ruhelosigkeit, Rastlosigkeit, fehlendes Heimatgefühl, Angst vor Ablehnung, Angst vor Veränderung

Abschied nehmen

MACH DICH AUF EINEN NEUEN WEG!

Neun der Kelche

Kleine Arkana

Element Wasser

Astrologische Entsprechung Jupiter in Fische/ Mond in Stier = Sinnlichkeit & Geselligkeit

Die Neun bedeutet Abschluss und Erfüllung und dass nun viel hinter dir liegt. Auch steht die Neun für Stabiliät, Verantwortungsbewusstsein und große Ziele. In schwierigen Zusammenhängen kann sie auch ein Hinweis auf übertriebenen Ehrgeiz, selbstzerstörerischen Perfektionismus, Enttäuschung oder Unzufriedenheit sein.

Die Neun der Kelche repräsentiert ...

... Genuss, Lebensfreude und große Zufriedenheit. Du hast auch allen Grund dazu und kannst auf das Erreichte stolz sein. Die Neun der Kelche steht auch für Geselligkeit und Herzlichkeit, Teamgeist und eine Gemeinschaft, in der man sich wohlfühlt. Sie warnt dich dann, wenn du es übertreibst. Vielleicht neigst du dazu, mit deinem Erfolg anzugeben oder dich auf deinen Lorbeeren auszuruhen. Solange du Maß hältst, darfst du diese Zeit genießen.

Allgemeine Bedeutung

+ Sicherheit, Reichtum, Genuss, Lebenslust, Unbeschwertheit, Spaß, Freude, Teamgeist, Leichtigkeit, gute Laune, Glück, Urlaub

Herausforderungen

– Selbstgefälligkeit, Arroganz, Lebensgier, Maßlosigkeit, Trägheit, Anbiederung, Vergnügungssucht

... just wanna have fun!

Zehn der Kelche

Kleine Arkana

Element Wasser

Astrologische Entsprechung

Mars in Fische = Geborgenheit & Vollständigkeit

Die Zahl Zehn steht für das Ende oder die Gesamtheit einer Dekade und damit auch für Vollständigkeit, Fülle, Sicherheit und Abschluss. Zudem weist sie bereits auf einen Neubeginn hin. Symbolisch stellt die Zehn die mystische Rückkehr zur Einheit dar. Sie symbolisiert das Allumschließende, Gesetz und Ordnung.

Die Zehn der Kelche repräsentiert ...

... Verbundenheit, wie sie sich in einer wundervollen Freundschaft, in einer innigen Beziehung oder in tiefempfundener Zuneigung innerhalb der Familie zeigt. Alles fühlt sich richtig an, du bist angekommen. Hier bist du zuhause. Vielleicht findest du den Heimathafen in einem Ort, in treuen Freunden oder einer zutiefst ehrlichen, großen Liebe – vielleicht heiratest du sogar. In jedem Fall geht es um das gemeinsam empfundene Glück und eine große Dankbarkeit dafür.

Allgemeine Bedeutung

+ Familie, Harmonie und Einklang, tiefe Liebe, Geborgenheit, Erfüllung, Glück, Dankbarkeit, Geselligkeit, innige Zuneigung, Freundlichkeit, Verlässlichkeit, emotionale Stabilität, Kollegialität, gute Gemeinschaft, Ehrlichkeit

Herausforderungen

– Sorglosigkeit, Naivität, Mitverantwortung, Vereinnahmung

Glück und Geborgenheit!

Bube der Kelche

Kleine Arkana

Element Wasser

Astrologische Entsprechung Venus in Krebs, Skorpion & Fische = Versöhnung & Verspieltheit

Die Buben im Tarot werden auch als ‚Seiten' bezeichnet und repräsentieren oft kindliche, jugendliche Energien oder Charaktere. Sie können auch als Boten oder Botschafter angesehen werden. Sie sind eine Art Übermittler von Nachrichten und kündigen Veränderungen an, die häufig als Geschenk wahrgenommen werden. Sie bringen frische Perspektiven, Möglichkeiten und Impulse und weisen auf neue Entwicklungen oder Ereignisse hin.

Der Bube der Kelche

Mit dem Buben der Kelche kommt eine gute Gelegenheit auf dich zu, die du annehmen darfst. Vielleicht hast du aber auch eine beglückende Begegnung mit einem Menschen, der dir einfach guttut. Oder aber man macht dir einen liebevollen Vorschlag, den du nicht ausschlagen solltest. In schwierigen Situationen steht der Kelch Bube auch für die Chance auf Versöhnung und neue Gesprächsmöglichkeiten.

Allgemeine Bedeutung

\+ Nachricht, Impuls, Geste, Gelegenheit für Liebe, Versöhnung, Dankbarkeit, Anerkennung, Lob, Geselligkeit, Miteinander, Vertrautheit, Hilfsbereitschaft, Gemeinschaftssinn, Freundschaft, Zuspruch, Offenheit

Herausforderungen

– Selbstgefälligkeit, Arroganz, Lebensgier, Maßlosigkeit, Trägheit, Anbiederung, Vergnügungssucht

Good News!

EIN WEISER RAT, EINE LIEBEVOLLE GESTE,
EINE WOHLTUENDE BOTSCHAFT UND EINE GUTE GELEGENHEIT.

Ritter der Kelche

Kleine Arkana

Element Wasser

Astrologische Entsprechung Mars in Krebs, Skorpion & Fische = Emotionalität, Venus - Mond = gute Laune & Innigkeit

Ritter werden oft als ‚Reiter' oder ‚Krieger' betrachtet und repräsentieren archaische Energien. Sie verkörpern häufig die Energie oder Charakteristik eines jungen Erwachsenen und stehen für eine Atmosphäre, eine Stimmung, in der etwas stattfindet. Ritter symbolisieren Bewegung, Fortschritt, Entschlossenheit und Tatendrang, um Hindernisse zu überwinden und Ziele zu erreichen.

Der Ritter der Kelche …

… verbreitet eine liebevolle, ruhige Atmosphäre. Er steht für gute Laune und Geselligkeit und eine versöhnliche und friedvolle Stimmung. Wenn er innerhalb einer Legung auftaucht, fühlst du dich geborgen und zuhause und darfst dich öffnen und deine Seele baumeln lassen. Hier herrscht Verständnis und tiefe Zuneigung, hier bist du willkommen.

Allgemeine Bedeutung

\+ friedvolle, entspannte Atmosphäre, gute Laune, harmonischer Einklang, Romantik, Träumereien, Innigkeit, Sanftheit, Intuition und Kreativität, spielerische Leichtigkeit, positive Entwicklung, Geborgenheit, Verliebtheit, Sorglosigkeit, Schönheit, Kunst und Kultur

Herausforderungen

– Stimmungsschwankungen, Launenhaftigkeit und Illusionen, Träumereien, Wankelmut, Genusssucht, Maßlosigkeit, Anlehnungsbedürfnis, Hilflosigkeit, Überempfindlichkeit, Naivität, Unvorsichtigkeit, Verletzbarkeit

Peace, Love & Om!

EINE ENTSPANNTE UND LIEBEVOLLE ATMOSPHÄRE

Königin der Kelche

Kleine Arkana

Element Wasser

Astrologische Entsprechung Mond = Hilfsbereitschaft

weibliche Energie emotionale Tiefe, Liebe & Feingefühl

Königinnen sind Hinweise auf eine reife Energie und repräsentieren Einfluss, Stärke und Weitsicht. Sie sind Expertinnen und Wissende auf ihrem Gebiet. Auch zeigen sie Persönlichkeitsmerkmale und Charakterzüge einer Frau oder stehen für eine andere weibliche Person aus deinem Umfeld oder für einen feminin wirkenden Menschen.

Die Kelch Königin repräsentiert ...

... als Wasser-Element emotionale Intelligenz, Empathie, Sensibilität, Intuition und Vorausschau. Vielleicht bist du im Moment besonders feinfühlend. Eventuell bist du auch beruflich kreativ unterwegs. Die Kelch Königin ist Hinweis auf eine magische Zeit und tiefe Empfindungen innerhalb einer Beziehung. Sie kann jedoch auch für Überempfindlichkeit, Dramatik und Launenhaftigkeit stehen.

Allgemeine Bedeutung

+ Empathie, Intuition, Sensibilität, Weisheit, schöpferische Fähigkeiten, spirituelle Verbindung, liebevolle Hingabe, Mitgefühl, Sanftmut, Fürsorglichkeit, emotionale Intelligenz, Kreativität, Romantik, Empfänglichkeit, Introspektion

Herausforderungen

– übermäßige Emotionalität, Verwirrung oder Unentschlossenheit, Abhängigkeit oder Bedürftigkeit, mangelnde Praktikabilität, Selbstmitleid oder Opferhaltung, Übersensibilität oder Empfindlichkeit, unrealistische Erwartungen an andere, Schwierigkeiten, mit Konflikten umzugehen, übermäßige Empfänglichkeit für die Meinungen anderer, Schwierigkeiten, die eigene Identität zu definieren, Unfähigkeit, klare Grenzen zu setzen

Introspektion und Schöpferkraft

EINE EMPFINDSAME UND KREATIVE FRAU

König der Kelche

Kleine Arkana

Element Wasser

Astrologische Entsprechung Fische = intuitiv & emotional

männliche Energie Weisheit & Menschenverstand

Könige sind Hinweise auf eine reife Energie und repräsentieren Autorität, Stabilität und Kontrolle. Sie verkörpern eine gewisse Beherrschung oder Expertise in ihrem jeweiligen Bereich. Auch zeigen sie Persönlichkeitsmerkmale und Charakterzüge eines Mannes oder stehen für eine andere männliche Person aus deinem Umfeld oder für einen maskulin wirkenden Menschen.

Der Kelch König repräsentiert …

… als Wasser-Element emotionale Intelligenz, Empathie und Sensibilität. Er kann für eine Phase stehen, in der wir uns mit unserem Seelenleben beschäftigen oder unserer Gefühle bewusst werden. Ebenso kann der Kelch König auch ein hilfsbereiter Freund oder ein gefühlvoller Partner sein, mit dem man eine romantische Beziehung erlebt. In jedem Fall steht er für eine Zeit tief empfundener Gefühle. Er kann allerdings auch zu Drama, Stimmungsschwankungen und Überempfindlichkeit neigen.

Allgemeine Bedeutung

+ emotionale Intelligenz, Empathie, Intuition, Sensibilität, Mitgefühl, Verständnis, Kreativität, visionäres Denken, Feinfühligkeit, spirituelle Reife, Vertrauenswürdigkeit, Einfühlungsvermögen, Gerechtigkeit, Harmonie, Unterstützung, emotionaler Reichtum, Medialität

Herausforderungen

– emotionale Instabilität, übermäßige Sensibilität oder Sentimentalität, Verträumtheit, Realitätsferne, passiv aggressives oder manipulatives Verhalten, Überschwänglichkeit, übertriebene Gefühle, mangelnde praktische Verantwortung, mangelnde Entscheidungsfreudigkeit, übertriebene Nachgiebigkeit, Beeinflussbarkeit, mangelndes Vertrauen, Schwierigkeiten, Grenzen zu setzen

Sanftheit und Intellekt!

EIN MITFÜHLENDER UND INTUITIVER VISIONÄR

Ass der Schwerter

Kleine Arkana

Element Luft

Astrologische Entsprechung Merkur/Jupiter

als Erkenntniszuwachs & Vernunft

Die Zahl Eins, das Ass, in den Kleinen Arkana steht für den Beginn einer neuen Phase. Sie zeigt die Entstehung von etwas Neuem an und gibt einen Hinweis auf eine Chance mit großem Potenzial, die es zu ergreifen gilt. Sie ist die höchste Zahl unter den Kleinen Arkana.

Das Ass der Schwerter ...

... ist mit mentaler Kraft, innerer Stärke, Entschlossenheit und Durchsetzungsvermögen verbunden. Es ermutigt dazu, Herausforderungen anzunehmen und Hindernisse zu überwinden, indem man auf seine innere Stärke, die Kraft der Gedanken und seinen unbedingten Willen zurückgreift und sich selbst treu bleibt, unabhängig von den Erwartungen anderer.

Allgemeine Bedeutung

+ Entscheidungskraft, Erkenntniszuwachs, innere Stärke, höheres Verständnis, Vernunft, Klarheit, Eindeutigkeit, scharfer Verstand, frische Brise, neuer Schwung, Durchblick, Klärung und Lösung von Problemen, geistige Überlegenheit

Herausforderungen

- Kälte, Ernüchterung, Desillusionierung, emotionale Härte

KEIN HINDERNIS IST ZU HOCH.
Entschlossenheit beflügelt!

Zwei der Schwerter

Kleine Arkana

Element Luft

Astrologische Entsprechung

Mond in Waage = innere Zweifel

Die Zahl Zwei in den Kleinen Arkana steht für die Dualität, das Konzept von Gegensätzen, Polaritäten und das Zusammenkommen zweier Kräfte wie Himmel und Erde, Geist und Materie. Dies kann sich auf Partnerschaften, Beziehungen oder die Vereinigung von Gegensätzen beziehen. Die Zwei möchte ein Gleichgewicht herstellen und kann auch für Zusammenarbeit stehen.

Die Zwei der Schwerter …

… kann ein Hinweis sein, dass du dein Bauchgefühl mit deinem Verstand in Einklang bringen solltest, um ein vollständiges Bild von etwas zu bekommen. Vielleicht hast du auch Zweifel oder weißt nicht, was du bezüglich einer Situation denken oder wie du dich verhalten sollst.

Vielleicht empfindest du innere Zerrissenheit und ringst um eine Lösung des Problems. Eventuell kannst du dich nicht für eine Seite entscheiden oder willst dich innerhalb einer Beziehung nicht festlegen. Manchmal ist dann die analysierende Kraft der Gedanken, die durch die Schwert Zwei angezeigt werden, das einzige Mittel, das hilft.

Allgemeine Bedeutung

\+ Abwägungen, Ratlosigkeit, Skepsis, Unwille, Entscheidungen zu treffen, Zweifel, Ungläubigkeit, eingeschränkte Sichtweise, Suche nach Lösungen, kühler Verstand, Unentschlossenheit, Analyse, Uneindeutigkeit

Herausforderungen

– Verzweiflung, Verstrickungen, mangelndes Vertrauen, Verwirrtheit, Zerrissenheit, kein Zugang zu den eigenen Gefühlen, übermäßige Kritik, Hemmnisse, Unausgewogenheit

SOBALD IHR HANDELN WOLLT, MÜSST IHR DIE TÜR ZUM ZWEIFEL VERSCHLIEßEN.

Friedrich Nietzsche

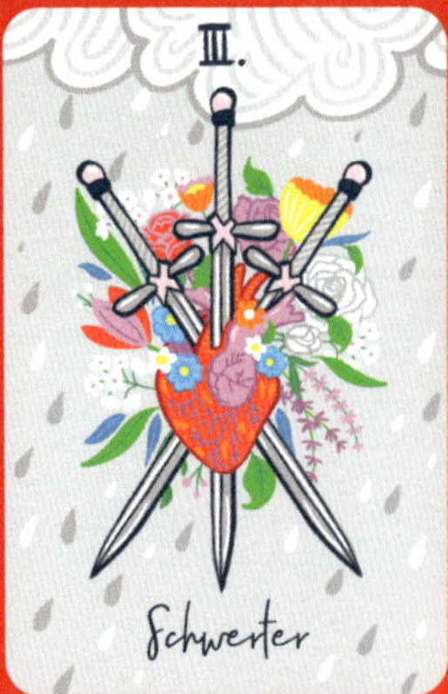

Drei der Schwerter

Kleine Arkana

Element Luft

Astrologische Entsprechung

Mond = diffuse & verletzte Gefühle

Die Drei im Tarot ist Ausdruck von Trinität. Sie weist auf das Gleichgewicht zwischen Körper, Geist und Seele hin. Sie symbolisiert auch Geselligkeit, Zusammenarbeit und Teamwork und ermutigt dazu, sich mit anderen zu verbinden, gemeinsame Ziele zu verfolgen und Unterstützung in der Gemeinschaft zu finden. Ebenso steht die Drei für Wachstum, Entwicklung und Fortschritt und zeigt die Fähigkeit auf, Ideen in die Welt zu bringen, sich anzupassen und Veränderungen anzunehmen.

Die Drei der Schwerter ...

... wird oft als eine Karte des Schmerzes, des Verlusts und der Trauer interpretiert. Ein Aspekt ist daher eine Trennung oder Enttäuschung innerhalb einer Beziehungen. Obwohl sie auf die Erfahrung von Verrat oder Kummer hindeutet, geht es hier aber auch um Erkenntnis, Heilung und Vergebung. Bedenke: Akzeptanz ist der erste Schritt zum persönlichen Wachstum.

Allgemeine Bedeutung

+ Herzschmerz, Kummer, Trennung, Trauer, Enttäuschung, Verlust, Entfremdung, Schuldgefühle, Verzweiflung, zerbrochene Illusionen, notwendige Einsamkeit, Leid, das große Aufwachen, Entscheidung aus Liebe und Verantwortung, falsche oder zu hohe Erwartungen, Gefühl, betrogen zu werden

Herausforderungen

– Depressivität, Resignation, Opferrolle, unverarbeitete Traumata, übermäßige Selbstkritik, Vermeidung von emotionaler Nähe, Selbstmitleid, Verdrängung, Verlust von Glauben und Vertrauen, selbstzerstörerisches Verhalten, Verweigerung von Vergebung, übersteigerter Groll, Misstrauen, Unfähigkeit, loszulassen

Schmerzhafte Erkenntnis

DIE NOTWENDIGKEIT DES AUFWACHENS

Vier der Schwerter

Kleine Arkana

Element Luft

Astrologische Entsprechung

Jupiter in Waage = Bedürfnis nach Zeit

Die Zahl Vier in den Kleinen Arkana vermittelt Stabilität und Sicherheit, aber auch eine gewisse Unbeweglichkeit. Sie steht für Struktur, Strenge und Kontrolle und kann für Unterkühlung und Nüchternheit sorgen, die je nach Frage eine Notwendigkeit oder aber eine Herausforderung darstellen.

Die Vier der Schwerter …

… zwingt uns zur Ruhe, die zu vorübergehendem Stillstand unserer Arbeit und vielleicht auch in unserer Freizeit führt. Diese Phase unterbricht dich in deiner Aktivität und wird nicht wirklich von dir begrüßt. Die Vier der Schwerter zeigt sich dann, wenn eine Hinderung am Weitermachen notwendig ist, sei es aufgrund von Erschöpfung, Krankheit oder wenn man sich verrannt hat. Sie zeigt dir die Gelegenheit an, wieder zu dir zu kommen, in Ruhe nachzudenken, um bessere Entscheidungen zu treffen oder innere und äußere Konflikte lösen zu können.

Allgemeine Bedeutung

\+ Stillstand, Ruhe, Vernunft, Zurückgezogenheit, Bedenkzeit, Pause, Meditation, Abstand, Notwendigkeit, Klarheit, Ordnung, Sammeln neuer Energie, Passivität, Konzentration, Besinnung, Reifung, Frieden

Herausforderungen

– Isolation, Krankheit, Erschöpfung, Einsamkeit, Resignation, Zeitverschwendung, Hürde, Schwere, Missachtung der eigenen Kräfte, Überforderung, Verhindern, Untätigkeit

Kommt Zeit, kommt Rat.

TAKE A BREAK!

Fünf der Schwerter

Kleine Arkana

Element Luft

Astrologische Entsprechung

Mars in Skorpion = Zerstörung & Transformation

Die Zahl Fünf in den Kleinen Arkana steht für Dynamik, Herausforderungen, Hindernisse, auch für Schwierigkeiten und Veränderung. Sie löst gern Chaos aus und zeigt manchmal innere oder äußere Konflikte an. Sie weist dich darauf hin, beweglich zu bleiben und aus Fehlern zu lernen. Die Fünf hilft dir, zu wachsen.

Die Qualität der Schwert Fünf …

führt bei den kleinen Arkana zu Chaos und gegebenenfalls zu einer neuen Ordnung. Hierfür geht man einen konfliktreichen und schmerzhaften Weg. Der Erfolg ist hart erarbeitet und der Sieg fühlt sich nicht als solcher an. Bei den Auseinandersetzungen, die diese Karte anzeigt, hast du selbst viele Federn und zudem eine Spur der Zerstörung hinter dir gelassen. Oder du selbst bist Opfer eines solchen Prozesses geworden und bleibst geschlagen zurück. Du bist enttäuscht und fühlst die Nachwehen dieses Streits.
Manchmal ist es notwendig, sich solchen Meinungsverschiedenheiten zu stellen, besonders dann, wenn es um negative Gedanken und Glaubenssätze geht.

Allgemeine Bedeutung

+ teuer erkaufter Erfolg, Schwächung, Auseinandersetzungen, Opfer und Täter zugleich sein, Machtwunsch, harte Konfliktlösungen, falsche Glaubenssätze, unbedachte Handlungen, unfairer Kampf, Schaffen neuer Voraussetzungen, unliebsame Selbsterkenntnis, verhärtete Fronten, schwierige Prüfung, schwierige Streitschlichtung, offene Kritik, brenzliche Situation, vermeintlicher Sieg, Vorsicht, Erschaffung einer neuen Ordnung

Herausforderungen

– Enttäuschung, Tiefschläge, Demütigung, Gehässigkeiten, Mobbing, Niedertracht, Skrupellosigkeit, Kündigung oder Trennung, Destruktivität, Rache, Niedergeschlagenheit, moralischer Verlust, Skrupellosigkeit, Fallen

Sei der Mensch,
DEN DU SELBST GERN UM DICH HÄTTEST!

Sechs der Schwerter

Kleine Arkana

Element Luft

Astrologische Entsprechung

Merkur im Wassermann = Suche nach neuen Möglichkeiten

Die Zahl Sechs in den Kleinen Arkana repräsentiert eine Phase des Gleichgewichts, der Stabilität und des Übergangs. Sie steht für Harmonie, Zusammenarbeit, ebenso wie für Wachstum und Fortschritt. Manchmal ist sie auch als Einladung zu verstehen, dort für Versöhnung zu sorgen, wo Disharmonie herrscht.

Die Schwert Sechs ...

... lädt dazu ein, innerlich loszulassen und der Veränderung ins Auge zu blicken. Sie weist aber auch auf neue Horizonte und Wege hin und steht für Neugier und Abenteuerlust . Das Ungewohnte kann auch ein Gefühl von Verunsicherung und Abschiedsschmerz hinterlassen. Zudem steht sie dafür, Vorbehalte aufzugeben und sich zu öffnen.
Und du bist nicht allein – die Schwert Sechs gibt auch einen Hinweis auf Hilfe und Führung von außen. Das heißt, eigentlich kann nichts schiefgehen. Frei nach Heraklit: Alles fließt und ist im steten Wandel.

Allgemeine Bedeutung

+ Neugier, Aufbruch, Veränderung, Annäherung, neue Ideen und Ansichten, Unbekanntes, neuer Schritt, neue Bedingungen, Neuland, Vorsicht, Neuorientierung, Vorbehalte, Chance, Überwinden von Distanz, Lampenfieber, Neues lernen, neue Kollegen und Freundschaften

Herausforderungen

– Unsicherheit, Aufbruch schweren Herzens, Ängste, Schwebezustand, Prüfungsangst, mangelndes Selbstvertrauen, Zerrissenheit, Distanz, Zögerlichkeit

Auf zu neuen Ufern!

ALLER ANFANG IST SCHWER.

Sieben der Schwerter

Kleine Arkana

Element Luft

Astrologische Entsprechung

Mond im Wassermann = Originalität & Einfallsreichtum

Die Zahl Sieben in den Kleinen Arkana steht für Reflexion, Suche nach Wahrheit und innere Entwicklung. Sie kann aber auch, je nach Element oder Position in der Legung, eine Phase der Unsicherheit anzeigen. Zudem gilt die Sieben in vielen Kulturen als Glückszahl oder magische Zahl und als Symbol für Vollkommenheit und göttliche Führung. Daher wird sie auch mit Spiritualität, Weisheit, Intuition und geistiger Erkenntnis in Zusammenhang gebracht. Herausfordernd kann die Zahl Sieben sein, wenn Intuition und rationales Denken nicht im Gleichgewicht sind. Umso wichtiger ist und bleibt hier die Selbstreflexion.

Die Sieben der Schwerter ...

... zeigt die Schattenseite des Magiers aus den Großen Arkana und weist darauf hin, dass du genau prüfen solltest, wem du vertraust. Zudem kann sie eine Warnung vor unlauteren Geschäften, Unaufrichtigkeit und Falschheit sein. Auf den Fragenden oder eine bestimmte Situation bezogen, steht sie dafür, uneinsichtig zu sein, etwas nicht wahrhaben zu wollen oder sogar für eine Lebenslüge. Sie steht auch dafür, etwas vorzeitig abzubrechen und kurz vor dem Ziel aufzugeben. Hier kannst du sie als Warnung verstehen, nicht zu mogeln oder dich zu drücken, sondern Dinge durchzuziehen. Die Schwert Sieben empfiehlt in jedem Fall, alles gut zu durchdenken und clever zu sein, bevor man den nächsten Schritt unternimmt.

Allgemeine Bedeutung

+ Listigkeit, Schummelei,Oberflächlichkeit, Vermeiden einer Klärung, Bluff, Schlitzohrigkeit, Gerissenheit, Cleverness, Aufmerksamkeit, Unzuverlässigkeit, Brechen des eigenen Wortes, Schlauheit, Unbeständigkeit, Wankelmut, Unsicherheit

Herausforderungen

– Betrug, Verlogenheit, Mobbing, Lästerei, Intrige, Lebenslüge, Uneinsichtigkeit, Untreue, Verrat

Wer mogelt,
MUSS GUT IMPROVISIEREN KÖNNEN!

Acht der Schwerter

Kleine Arkana

Element Luft

Astrologische Entsprechung

Saturn im 4. Haus = innere Hemmnis

Achtung! Die Acht im Tarot, insbesondere in den Kleinen Arkana, steht für kraftvolle Energie, Stärke, Macht und Erfolg. Eine liegende Acht, das alte Symbol der Lemniskate, steht für die Unendlichkeit. Deshalb wird die Acht auch mit einer ständigen Bewegung, einer unendlichen Schwingung in Verbindung gebracht.

Die Acht der Schwerter ...

... zeigt dir, dass du ganz anders könntest, wenn du wolltest, dass du dich von deinen Ängsten hemmen und einschränken lässt und dass kein Grund dafür im Außen liegt, sondern in dir selbst. Dein Kopf sagt hier NEIN. Was aber sagt dein Herz? Die Acht der Schwerter kann auch eine Durststrecke anzeigen und dich ermutigen, durchzuhalten. Vielleicht fällt es dir auch schwer, du selbst zu sein, sei es in der Partnerschaft oder innerhalb von Freundschaften. Die Schwert Acht lädt dich dazu ein, dich den anderen Menschen zu öffnen und deine selbsterwählte Einsamkeit hinter dir zu lassen. Vielleicht hast du dich aber auch zurückgezogen und freiwillig beschnitten, um zu dir zu finden. Wenn du dich bereit fühlst, geh aus dir heraus! Du wirst auf offene Arme treffen.

Allgemeine Bedeutung

+ Zurückhaltung, Hemmungen, Blockaden, Ängste, inneres Gefängnis, Zurückgezogenheit, eigene Beschränkung, selbstauferlegte Grenzen, Unsicherheit, Schüchternheit, Selbstfindung, Loslösung, Emanzipation

Herausforderungen

– Unterdrückung von Gefühlen, Wünschen und Sehnsüchten, selbstauferlegte Verbote, Schwierigkeiten, Gefangenschaft des Ichs, innere Zweifel, Mutlosigkeit, Vernunft, Blindheit, Verschlossenheit

Wer oder was hält dich so gefangen?

Neun der Schwerter

Kleine Arkana

Element Luft

Astrologische Entsprechung

Mars in Zwillinge = viel Lärm um nichts

Die Neun bedeutet Abschluss und Erfüllung und dass nun viel hinter dir liegt. Auch steht die Neun für Stabiliät, Verantwortungsbewusstsein und große Ziele. In schwierigen Zusammenhängen kann sie auch ein Hinweis auf übertriebenen Ehrgeiz, selbstzerstörerischen Perfektionismus, Enttäuschung oder Unzufriedenheit sein.

Die Neun der Schwerter ...

... fragt dich, was dich so rastlos macht. Sie steht für eine Phase, in der uns Sorgen und Ängste wie Albträume nicht ruhig schlafen lassen. Dabei sind die Gedanken, die wir uns machen, meist schlimmer als die Realität. Die Schwert Neun steht dafür, gedanklich mit etwas nicht abschließen zu können. Vielleicht machst du dir über ein laufendes Projekt Sorgen oder denkst, nicht genug für eine bevorstehende Prüfung getan zu haben. Geht dir etwas Unerledigtes durch den Kopf? Oder dreht sich ein Gedanke immer und immer wieder in Endlosschleife in deinem Kopf und verfolgt dich in deinen Träumen? Denke daran, es sind deine subjektiven Gedanken und nicht unbedingt die Realität! Lass dich nicht länger verrücktmachen! Wach auf und stell dich deinen Ängsten! Kläre dein Problem! Überprüfe, ob es wirklich so schlimm ist wie in deinen Gedanken oder ob es sich eher um übersteigerte, überproportionierte Bedenken handelt!

Allgemeine Bedeutung

\+ Kummer, Ruhelosigkeit, existenzielle Ängste, schmerzhafte Erkenntnis, irreale Bedrohungen, Bedrückung, Rastlosigkeit, Scham, Schuldgefühle, Schlaflosigkeit, etwas nicht wahr haben wollen, Gewissensbisse, Lampenfieber, Grübeleien
oft auch unbegründete Ängste

Herausforderungen

– Sorgen, schlaflose Nächte, Verzweiflung, schlechtes Gewissen, Krise, Panik, düstere Gedanken, Pessimismus, Selbstzweifel, Verlustängste, Angst vor Konsequenzen, Albträume

FURCHT HAT GROẞE AUGEN, ABER WENIG VERSTAND.
Gustav Freytag

Zehn der Schwerter

Kleine Arkana

Element Luft

Astrologische Entsprechung

Sonne in Zwillinge = Willkür

Die Zahl Zehn steht für das Ende oder die Gesamtheit einer Dekade und damit auch für Vollständigkeit, Fülle, Sicherheit und Abschluss. Zudem weist sie bereits auf einen Neubeginn hin. Symbolisch stellt die Zehn die mystische Rückkehr zur Einheit dar. Sie symbolisiert das Allumschließende, Gesetz und Ordnung.

Die Zehn der Schwerter

Keine Angst – hier stirbt niemand! Die Schwert Zehn steht für ein zermürbendes und destruktives Übergewicht an negativen Gedanken und Worten. Entweder bist du Opfer dieser Übermacht oder du hast selbst ‚ausgeteilt' und jemanden verletzt. Sie zeigt auch, dass man Gefühle und Wirklichkeit verdrängt und destruktiven Gedanken allen Raum gelassen hat. Etwas ist aus dem Gleichgewicht geraten. Du fühlst dich erledigt, traurig, ohnmächtig und der Situation ergeben oder die Situation selbst erscheint verfahren und irreparabel. Die Schwert Zehn lädt dich deshalb dazu ein, zu erkennen, dass du die Situation für dich, vielleicht auch mit deinem Gegenüber klären musst. Bleib dabei fair und sei konstruktiv. Die Übermacht der Schwerter kann Trennungen als hilfreich anzeigen, wo vielleicht kein Gefühl mehr zwischen zwei Menschen vorhanden ist und es für beide besser wäre, den Weg allein zu gehen. Manchmal aber sind Gedanken auch dort düster, wo sie es gar nicht sein müssen. Und manchmal hilft ein klärendes Gespräch bei der Richtigstellung und Wiederaufnahme von Beziehungen und Freundschaften.

Allgemeine Bedeutung

\+ Handlungsunfähigkeit, intellektuelle Überlastung, Willkür, Ohnmacht, gedankliche Überforderung, Klärungsbedarf, geistige Erschöpfung, Notwendigkeit, Verletzungen, Gefühl, Opfer zu sein, Loslassen, Umkehr, Abschied

Herausforderungen

– Endzeitstimmung, Depression, Rücksichtslosigkeit, abrupter Schlussstrich, Abkehr, Wut, zerstörerische Gedanken, Scheitern, Überlastung, schwierige Erfahrung, schmerzhafter Abschied

Überlastung und Kontrollverlust

Bube der Schwerter

Kleine Arkana

Element Luft

Astrologische Entsprechung

Wassermann & Waage = Neugier & Kommunikation

Die Buben im Tarot werden auch als ‚Seiten' bezeichnet und repräsentieren oft kindliche, jugendliche Energien oder Charaktere. Sie können auch als Boten oder Botschafter angesehen werden. Sie sind eine Art Übermittler von Nachrichten und kündigen Veränderungen an, die häufig als Geschenk wahrgenommen werden. Sie bringen frische Perspektiven, Möglichkeiten und Impulse und weisen auf neue Entwicklungen oder Ereignisse hin.

Der Bube der Schwerter …

… bringt frischen Wind in eine schwierige oder verfahrene Situation. Er liefert einen Impuls oder zeigt eine Chance, Klarheit zu erlangen und sich plötzlich über Dinge bewusst zu werden, die erkannt werden müssen. In diesem Zusammenhang kündigt er auch Veränderungen oder Auseinandersetzungen an, auf die du aufmerksam gemacht wirst, um ihnen frühzeitig aus dem Weg gehen zu können.

Allgemeine Bedeutung

+ Neugier, Intellekt, Wachsamkeit, analytischer Verstand, Scharfsinn, Aufklärung, Erkennen von Zusammenhängen, Diskussionen, Annehmen von Kritik, Erkenntnis, Vergebung, Verständnis, Gespräche, Konfliktbewältigung

Herausforderungen

– Streitigkeiten, Unterkühlung, Vorwürfe, schmerzhafte Einsichten, reinigendes Gewitter, Enttäuschung, Anfeindung, Unfrieden, verbale Angriffe, Warnung, dicke Luft

Frische Brise!

EIN IMPULS DES ERKENNENS UND EINE CHANCE AUF KLÄRUNG!

Ritter der Schwerter

Kleine Arkana

Element Luft

Astrologische Entsprechung

Mars = Konfrontation & Auseinandersetzung

Ritter werden oft als ‚Reiter' oder ‚Krieger' betrachtet und repräsentieren archaische Energien. Sie verkörpern häufig die Energie oder Charakteristik eines jungen Erwachsenen und stehen für eine Atmosphäre, eine Stimmung, in der etwas stattfindet. Ritter symbolisieren Bewegung, Fortschritt, Entschlossenheit und Tatendrang, um Hindernisse zu überwinden und Ziele zu erreichen.

Der Ritter der Schwerter ...

... steht für eine Phase direkter Auseinandersetzungen und Diskussionen. Die Atmosphäre ist unterkühlt und distanziert. Vielleicht ist es klug, gut zu argumentieren oder nüchtern zu reagieren. Gefühle sind hier fehl am Platz. Diese Situation erfordert ein scharfes Gedächtnis und einen scharfen Intellekt. Überdenke deine Wortwahl! Worte haben Macht und können nachhaltig verletzen. Behalte einen kühlen Kopf, wenn es darum geht, ein Ziel (im Persönlichen wie im Beruflichen) zu erreichen, und lass dich nicht von Gegenwind oder Kritik abschrecken! Bleib fair, dann wirst du siegreich aus dieser Situation hervorgehen!

Allgemeine Bedeutung

+ Entschlossenheit, Klarheit, Logik, analytisches Denken, Zielstrebigkeit, Direktheit, Konzentration, Unabhängigkeit, Ehrlichkeit, Durchsetzungsvermögen, intellektuelle Stärke, Entschiedenheit, Mut, Verstand, Schnelligkeit, Wagemut

Herausforderungen

– Rücksichtslosigkeit, Kälte, Arroganz, Dogmatismus, Überheblichkeit, Überreaktion, Unflexibilität, mangelnde Empathie, Aggressivität, Unbarmherzigkeit, Streitsucht, zerstörerisches Verhalten, Skrupellosigkeit, Impulsivität, Überforderung

Zielstrebigkeit!

EIN IMPULSIVER UND WAGEMUTIGER UNTERSTÜTZER!

Königin der Schwerter

Kleine Arkana

Element Luft | **weibliche Energie** Individualität

Astrologische Entsprechung

Sonne in Wassermann = Unabhängigkeit & Weisheit

Königinnen sind Hinweise auf eine reife Energie und repräsentieren Einfluss, Stärke und Weitsicht. Sie sind Expertinnen und Wissende auf ihrem Gebiet. Auch zeigen sie Persönlichkeitsmerkmale und Charakterzüge einer Frau oder stehen für eine andere weibliche Person aus deinem Umfeld oder für einen feminin wirkenden Menschen.

Die Schwert Königin

Als Regentin des Luftelements verfügt sie über einen scharfen Intellekt, Erkenntnisreichtum und rasches Auffassungsvermögen. Sie steht dafür, dass du in der Lage bist, Situationen zu analysieren und zu verstehen. Du hast den Überblick und weißt, worum es geht. Die Schwert Königin steht auch für Kühle und Distanziertheit. Dies ist dann notwendig, wenn man Dinge klären oder sich durchsetzen muss.

Allgemeine Bedeutung

\+ Rationalität, Klarheit, Intellekt, analytisches Denken, Entschlossenheit, Strategie, Logik, Objektivität, Unabhängigkeit, Eleganz, Macht, Durchsetzungsvermögen, Präzision, Weisheit, Kommunikation, Fokus, nordische Kühlheit

Herausforderungen

– Kaltherzigkeit, Unnachgiebigkeit, Mangel an Empathie, übermäßige Rationalität, übermäßiges Kritisieren, Dominanz, Oberflächlichkeit, Überheblichkeit, Mangel an emotionaler Intelligenz, Kompromisslosigkeit, Härte gegenüber sich selbst und anderen, Schwierigkeiten, Vertrauen aufzubauen, Misstrauen, Unflexibilität

Durchsetzungsvermögen

EINE UNABHÄNGIGE, KLARE UND INTELLIGENTE FRAU

König der Schwerter

Kleine Arkana

Element Luft | **männliche Energie** Versiertheit

Astrologische Entsprechung

Merkur in Zwilling = Geist & Gerechtigkeit

Könige sind Hinweise auf eine reife Energie und repräsentieren Autorität, Stabilität und Kontrolle. Sie verkörpern eine gewisse Beherrschung oder Expertise in ihrem jeweiligen Bereich. Auch zeigen sie Persönlichkeitsmerkmale und Charakterzüge eines Mannes oder stehen für eine andere männliche Person aus deinem Umfeld oder für einen maskulin wirkenden Menschen.

Der Schwert König ...

... ist Herrscher über das Element Luft. Er versinnbildlicht Klugheit, Urteilsvermögen und strategisches Denken. Die gedankliche Klarheit, die der Schwert König verkörpert, ist sowohl im beruflichen Umfeld hilfreich, als auch dann, wenn es darum geht, Sachverhalte objektiv einzuschätzen. In persönlichen Verbindungen, bei denen wir durch unsere Gefühle befangen sind, hilft er, negative Verhaltensmuster zu entlarven. In jedem Fall sagt dir der Schwert König: Erst denken, dann handeln!

Allgemeine Bedeutung

\+ analytisches Denken, Klugheit, Rationalität, Entschlossenheit, Autorität, Macht, Logik, Strategie, Unabhängigkeit, Durchsetzungsvermögen, Präzision, Objektivität, Sinn für Gerechtigkeit, Urteilskraft, Klarheit, Führung

Herausforderungen

– Härte, Schroffheit, übermäßig korrektes Verhalten, Drill, Dominanz, Nüchternheit, mangelnde Anteilnahme, Anmaßung, Mangel an emotionaler Intelligenz, Kompromisslosigkeit, Schwierigkeiten, Vertrauen aufzubauen, Misstrauen, Steifheit, Unflexibilität, Einseitigkeit, Skrupellosigkeit, Kontrolliertheit

Autorität und Intellekt

EIN VERSIERTER MANN VOLLER ENTSCHLOSSENHEIT

Ass der Stäbe

Kleine Arkana

Element Feuer

Astrologische Entsprechung

Sonne/Mars = Mut zum Risiko

Die Zahl Eins, das Ass, in den Kleinen Arkana steht für den Beginn einer neuen Phase. Sie zeigt die Entstehung von etwas Neuem an und gibt einen Hinweis auf eine Chance mit großem Potenzial, die es zu ergreifen gilt. Sie ist die höchste Zahl unter den Kleinen Arkana.

Das Ass der Stäbe ...

... lädt dich dazu ein, durchzustarten und die Chance zu ergreifen, deine Ideen und Wünsche nun in die Tat umzusetzen. Die Energie der Karte Ass der Stäbe ist ansteckend und belebend. Sie steht für Optimismus und Lebensfreude und zeigt dir, dass nun die richtige Zeit dafür ist, Neues zu beginnen oder Altem neuen Schwung zu verleihen.

Allgemeine Bedeutung

+ Eifer, Optimismus, Schwung, Lebendigkeit, Tatendrang, Schaffenskraft, Kreativität, Motivation, Selbstentfaltung, Mut, Selbstbewusstsein, Wachstum, Überzeugungskraft, Stärke, Begeisterungsfähigkeit, Anregung, Risikobereitschaft

Herausforderungen

– Ehrgeiz, Aktivismus, Hitzigkeit, Voreiligkeit, Waghalsigkeit, Hyperaktivität, Überreiztheit, Überspanntheit, Stürmigkeit

DEN MUTIGEN GEHÖRT DIE WELT.

Schaffenskraft und Feuereifer

Zwei der Stäbe

Kleine Arkana

Element Feuer

Astrologische Entsprechung

Mars/Waage = abwägen, aber nicht handeln

Die Zahl Zwei in den Kleinen Arkana steht für die Dualität, das Konzept von Gegensätzen, Polaritäten und das Zusammenkommen zweier Kräfte wie Himmel und Erde, Geist und Materie. Dies kann sich auf Partnerschaften, Beziehungen oder die Vereinigung von Gegensätzen beziehen. Die Zwei möchte ein Gleichgewicht herstellen und kann auch für Zusammenarbeit stehen.

Die Zwei der Stäbe ...

... lädt dazu ein, kurz innezuhalten, nachdem du erste Hürden überwunden hast. Nutze diese Phase, um dir darüber klar zu werden, was du wirklich willst und wohin dein weiterer Weg gehen soll! Falls du noch unentschlossen bist, mache eine Pro-und-Contra-Liste! Entscheide dich dann für die mehrheitliche Seite und lege los! Erkenne, dass lähmende Ängste und Zaudern dich nicht weiterbringen! Vielleicht befürchtest du auch, enttäuscht oder abgewiesen zu werden. Überlege, was dir schlimmstenfalls passieren kann oder was du zu verlieren hast! Oftmals lösen sich dann Vorbehalte von ganz alleine auf.Gedanken, die durch die Stab Zwei angezeigt werden, sind das einzige Mittel, was hilft.

Allgemeine Bedeutung

+ Neutralität, Reflexion, Überlegungen, Einschätzungen, Stabilität, Ruhe, Innehalten, Rückblick, Abwarten, Überzeugung

Herausforderungen

– Handlungsunfähigkeit, mangelndes Engagement, Halbherzigkeit, Unentschlossenheit, Lethargie, Angepasstheit, Inkonsequenz, Scheinheiligkeit

Einfach machen, könnte gut werden!

Drei der Stäbe

Kleine Arkana

Element Feuer

Astrologische Entsprechung Sonne in Widder, Löwe & Schütze = Optimismus & positive Entwicklungen

Die Drei im Tarot ist Ausdruck von Trinität. Sie weist auf das Gleichgewicht zwischen Körper, Geist und Seele hin. Sie symbolisiert auch Geselligkeit, Zusammenarbeit und Teamwork und ermutigt dazu, sich mit anderen zu verbinden, gemeinsame Ziele zu verfolgen und Unterstützung in der Gemeinschaft zu finden. Ebenso steht die Drei für Wachstum, Entwicklung und Fortschritt und zeigt die Fähigkeit auf, Ideen in die Welt zu bringen, sich anzupassen und Veränderungen anzunehmen.

Die Drei der Stäbe ...

... zeigt dir, dass du schon einiges erreicht hast und mit weiteren erfreulichen Ereignissen rechnen darfst. Es läuft! Vor allem deshalb, weil du engagiert bist und deine Ziele nicht aus den Augen verlierst. Du hast dir eine gute Basis geschaffen und weißt nun dank deines Weitblicks, wie du vorankommst. Dein Plan geht auf. Weiter so!

Allgemeine Bedeutung

+ Zuversicht, gute Basis, Erfolg, gute Perspektiven, Selbstvertrauen, Fundament, Stärke, Verlass, Vertrauen, Zielbewusstsein, längerfristige Planungen

Herausforderungen

– Oberflächlichkeit, unbedachtes Handeln, Verwerfen von Vorsätzen, unerreichte Ziele

NEUE WEGE ENTSTEHEN BEIM GEHEN.

Weitblick

Vier der Stäbe

Kleine Arkana

Element Feuer

Astrologische Entsprechung

Venus = Freude & Geselligkeit

Die Zahl Vier in den Kleinen Arkana vermittelt Stabilität und Sicherheit, aber auch eine gewisse Unbeweglichkeit. Sie steht für Struktur, Strenge und Kontrolle und kann für Unterkühlung und Nüchternheit sorgen, die je nach Frage eine Notwendigkeit oder aber eine Herausforderung darstellen.

Die Vier der Stäbe …

… zeigt eine ausgeglichene Phase des Miteinanders, des Erfolgs und der Freude an. Du bist in Harmonie mit dir selbst und knüpfst anregende neue Kontakte oder du hast Kontakt zu alten Freunden, die dein Leben bereichern. Es ist auch eine gute Zeit, um die Welt kennenzulernen, tolle Erfahrungen zu machen und das Leben zu feiern. Die Vier der Stäbe lädt dich dazu ein, unbeschwert neue Wege zu gehen, aus allen Erlebnissen das Positive mitzunehmen und aus dem Negativen zu lernen. Die Chancen stehen jetzt gut, selbst schwierige Situationen zu meistern.

Allgemeine Bedeutung

+ Offenheit, Spaß, Freude, Motivation, Harmonie, Optimismus, neue Erfahrungen, Erfolg, Kontakte, Feiern, Geborgenheit, schöne Zeit, Bewältigung, Unbeschwertheit, Gemeinsamkeit

Herausforderungen

– vorzeitige Siegesgewissheit, Überheblichkeit, Redseligkeit, Unbekümmertheit, Oberflächlichkeit, fehlende Bereitschaft, aus negativen Erfahrungen zu lernen

Ein Leben ohne Feste
ist wie eine lange Wanderung ohne Einkehr.
Demokrit

Fünf der Stäbe

Kleine Arkana

Element Feuer

Astrologische Entsprechung

Saturn/Mars im Löwen = Brot & Spiele

Die Zahl Fünf in den Kleinen Arkana steht für Dynamik, Herausforderungen, Hindernisse, auch für Schwierigkeiten und Veränderung. Sie löst gern Chaos aus und zeigt manchmal innere oder äußere Konflikte an. Sie weist dich darauf hin, beweglich zu bleiben und aus Fehlern zu lernen. Die Fünf hilft dir, zu wachsen.

Bei der Stab Fünf ...

... wird dein Können auf die Probe gestellt. Hier zeigt sich, was du kannst und bereit bist zu geben. Die Aufgaben, vor denen du stehst, scheinen herausfordernd zu sein, aber sie sollten sich mit deinem Know-how durchaus meistern lassen. Die Fünf der Stäbe steht für Phasen, in denen Ausdauer gefordert ist. Sie steht zugleich aber auch für große Beweglichkeit und Leichtigkeit. Also geh das Risiko ein und stell dich der Herausforderung! Du hast gute Chancen, zu gewinnen und gute Erfahrungen zu machen.

Allgemeine Bedeutung

+ Offenheit, Konfrontation, Machtprobe, Kräftemessen, Interaktion, Wettkampf, Übermut, Rangelei, Zeigen der eigenen Fähigkeiten, Leichtigkeit, Erkenntniszuwachs, Lernfähigkeit, Fortschritt

Herausforderungen

– Kampfansage, Sicherheitslücke, Nervenkrieg, Showdown, Rauheit, Auseinandersetzung, Radikalität, Impulsivität, Voreiligkeit

WER NICHT KÄMPFT, HAT SCHON VERLOREN.

Bertolt Brecht

Sechs der Stäbe

Kleine Arkana

Element Feuer

Astrologische Entsprechung

Jupiter = Erfolg & Gewinn

Die Zahl Sechs in den Kleinen Arkana repräsentiert eine Phase des Gleichgewichts, der Stabilität und des Übergangs. Sie steht für Harmonie, Zusammenarbeit, ebenso wie für Wachstum und Fortschritt. Manchmal ist sie auch als Einladung zu verstehen, dort für Versöhnung zu sorgen, wo Disharmonie herrscht.

Die Stab Sechs ...

... steht für Glück, Expansion, Wachstum und Sieg. Du hast etwas mit Erfolg absolviert und erhältst dafür große Anerkennung. Die Sechs der Stäbe kann auch gute Nachrichten anzeigen oder eine Beförderung ankündigen. In jedem Fall darfst du dich freuen und das Erreichte feiern, denn du hast viel dafür getan. Lass deine Umgebung an deinem Erfolg teilhaben: Du bist eine Inspiration für andere und deine Zuversicht ist ansteckend.

Allgemeine Bedeutung

+ Anerkennung, Erfolg, Sieg, Zugewinn, Good News, Aufstieg, Heldenhaftigkeit, positiver Wandel, Sieg, Triumph, Überholspur, Belohnung, Ertrag, Feiern, Lösung von Problemen, Karriere, Durchbruch, Lob, Wertschätzung, Ehrung, Qualifikation

Herausforderungen

– Höhenflug, Angeberei, Stolz, Überheblichkeit, Eitelkeit, Prahlerei

Erfolg fängt mit 'M' an, wie Machen!

Sieben der Stäbe

Kleine Arkana

Element Feuer

Astrologische Entsprechung

Sonne = Willenskraft & Widerstand

Die Zahl Sieben in den Kleinen Arkana steht für Reflexion, Suche nach Wahrheit und innere Entwicklung. Sie kann aber auch, je nach Element oder Position in der Legung, eine Phase der Unsicherheit anzeigen. Zudem gilt die Sieben in vielen Kulturen als Glückszahl oder magische Zahl und als Symbol für Vollkommenheit und göttliche Führung. Daher wird sie auch mit Spiritualität, Weisheit, Intuition und geistiger Erkenntnis in Zusammenhang gebracht. Herausfordernd kann die Zahl Sieben sein, wenn Intuition und rationales Denken nicht im Gleichgewicht sind. Umso wichtiger ist und bleibt hier die Selbstreflexion.

Die Sieben der Stäbe ...

... warnt dich vor Angriffen von außen und rät dir dazu, standhaft zu bleiben und zu dir und deinen Überzeugungen zu stehen. Sie zeigt auch, dass du aus guter Position heraus kämpfst, und weißt, wie du dich entschlossen zur Wehr setzen kannst. Du wirst dich durchsetzen und deine Neider in die Schranken weisen können.

Allgemeine Bedeutung

+ Angriffe von außen, Wachheit, Konzentriertheit, Bestimmtheit, Konsequenz, Selbstverteidigung, Belastungsprobe, Überwindung, Beständigkeit, Entschlossenheit, Kampfbereitschaft

Herausforderungen

– Neid, Eifersucht, Einmischungen, Überforderung, Nötigung zur Rechtfertigung, Druck, Bedrückung, Bedrohung, Missgunst, Unterdrückung von außen, Widerstand

Neid ist die höchste Form der Anerkennung.

SPRICHWORT

Acht der Stäbe

Kleine Arkana

Element Luft

Astrologische Entsprechung

Uranus & Wassermann = Veränderung & Visionen

Achtung! Die Acht im Tarot, insbesondere in den Kleinen Arkana, steht für kraftvolle Energie, Stärke, Macht und Erfolg. Eine liegende Acht, das alte Symbol der Lemniskate, steht für die Unendlichkeit. Deshalb wird die Acht auch mit einer ständigen Bewegung, einer unendlichen Schwingung in Verbindung gebracht.

Die Acht der Stäbe ...

... zeigt an, dass gute Neuigkeiten zu dir unterwegs sind. Hier liegt etwas in der Luft und dieses Ereignis ist kurz vor dem Eintreffen. In aller Regel kündigt die Acht der Stäbe an, dass sich Hoffnungen oder Erwartungen bestätigen werden. Häufig geschehen diese Dinge überraschend. Manchmal folgt die Nachricht auch deiner Vorahnung. Sei gespannt!

Allgemeine Bedeutung

\+ Bewegung, baldiges Eintreffen, Energie, neue Ideen, Inspiration, Fortschritt, kommende Ereignisse, Regeneration, Vertrauen, ein besonderer Augenblick, Überraschung, Verwirklichung, gute Entwicklung, etwas Gutes liegt in der Luft

Herausforderungen

– Voreiligkeit, Zweifel, Ungläubigkeit, Sorglosigkeit, Befürchtungen

Überraschung!

ERST PASSIERT LANGE NICHTS UND DANN ALLES AUF EINMAL.

Neun der Stäbe

Kleine Arkana

Element Feuer

Astrologische Entsprechung

Saturn = Angst vor Wandlung

Die Neun bedeutet Abschluss und Erfüllung und dass nun viel hinter dir liegt. Auch steht die Neun für Stabiliät, Verantwortungsbewusstsein und große Ziele. In schwierigen Zusammenhängen kann sie auch ein Hinweis auf übertriebenen Ehrgeiz, selbstzerstörerischen Perfektionismus, Enttäuschung oder Unzufriedenheit sein.

Die Neun der Stäbe ...

... fragt dich, was dich so misstrauisch und ängstlich macht. Vielleicht bist du enttäuscht oder verletzt worden und hältst dich einfach aufgrund von schlechter Erfahrung bedeckt. Leider sieht man dich aber auch nicht, wenn du dein Licht unter den sprichwörtlichen Scheffel stellst. Dabei liegt in der Gegenwart oder nahen Zukunft kein beängstigendes Ereignis vor, was dich nötigt, dich zurückzunehmen. Die Stab Neun steht auch für einen Menschen, der sich bedrängt fühlt, zu handeln, und sich deshalb zurückzieht. Wichtig ist, dass wir erkennen, mit alten Erfahrungen abschließen zu müssen, um neue machen zu können. Lass los, und öffne dich! Die Wunden dürfen heilen und du darfst endlich leuchten.

Allgemeine Bedeutung

+ Durchhaltevermögen, Widerstandsfähigkeit, Selbstschutz, Standhaftigkeit, Beharrlichkeit, Verteidigung, Tapferkeit, Überlebensinstinkt, Vorsicht aus Erfahrung, Wachsamkeit, unbegründete Ängste, Bedrängung, Erschöpfung

Herausforderungen

– Verweigerungshaltung, übermäßige Vorsicht, Überreaktion, Paranoia, Starrheit, Starrsinnigkeit, unnötige Verteidigung, Perspektivlosigkeit, lähmende Angst, Verschlossenheit, Misstrauen, Überarbeitung, Verlust von Vertrauen, mangelnde Flexibilität, Rückzug

LERNE AUS DER VERGANGENHEIT, ABER MACH SIE NICHT ZU DEINEM LEBEN.

Komm aus deinem Versteck!

Zehn der Stäbe

Kleine Arkana

Element Luft

Astrologische Entsprechung

Saturn = zu hohe Erwartung & Überforderung

Die Zahl Zehn steht für das Ende oder die Gesamtheit einer Dekade und damit auch für Vollständigkeit, Fülle, Sicherheit und Abschluss. Zudem weist sie bereits auf einen Neubeginn hin. Symbolisch stellt die Zehn die mystische Rückkehr zur Einheit dar. Sie symbolisiert das Allumschließende, Gesetz und Ordnung.

Die Zehn der Stäbe

Die Stab Zehn steht für Erschöpfung und Überforderung und dass alles zu viel ist. Du hast dir zu viel aufgehalst und spürst nun den Druck. Die Zehn der Stäbe zeigt dir, dass du eigentlich Unterstützung bräuchtest und nicht alles allein machen solltest. Die Überlastung kann sich auch als zu große Verantwortung und Mangel an Perspektiven innerhalb einer Beziehung oder eines Projektes zeigen. Du siehst den Wald vor lauter Bäumen nicht mehr. Laste dir nicht noch mehr auf, um dein eigentliches Ziel im Blick zu behalten!

Allgemeine Bedeutung

+ Druck, Zumutung, Verantwortung, Unausgeglichenheit, Last, Schwierigkeiten, Bedrückung, hochgesteckte Ziele, Mühsal, Unfreiheit, Arbeit, Geduld, Stress

Herausforderungen

– Unmut, nicht fertig werden, Kraftlosigkeit, Burnout, Not, Ängste und Sorgen, Chaos, Perspektivlosigkeit

Sei Herrin der Lage!

Bube der Stäbe

Kleine Arkana

Element Feuer

Astrologische Entsprechung

Uranus = kreative Impulse

Die Buben im Tarot werden auch als ‚Seiten' bezeichnet und repräsentieren oft kindliche, jugendliche Energien oder Charaktere. Sie können auch als Boten oder Botschafter angesehen werden. Sie sind eine Art Übermittler von Nachrichten und kündigen Veränderungen an, die häufig als Geschenk wahrgenommen werden. Sie bringen frische Perspektiven, Möglichkeiten und Impulse und weisen auf neue Entwicklungen oder Ereignisse hin.

Der Bube der Stäbe ...

... steht dafür, aktiv zu werden, deine jetzigen Möglichkeiten zu erkennen und deine Ideen mit Freude in die Tat umzusetzen. Oft weist der Stab Bube auf Aktivitäten hin, die ein wenig Mut erfordern. Sieh es als ein Abenteuer und frag dich: Was hab ich zu verlieren oder was kann im Ernstfall schiefgehen? Aber wäge nicht allzu lange ab, sondern sieh die wunderbare Chance, zu wachsen! Genieße diese Zeit, die als glückliche und spannende Phase gesehen werden darf! Vielleicht ist auch die Zeit gekommen, einem langgehegten Wunsch endlich nachzugeben und dir diesen zu erfüllen.

Allgemeine Bedeutung

\+ neue Projekte, spannende Zeit, Abenteuer, Anstoß, Anregung, aufregende Erfahrungen, spannende Erlebnisse, Erweitern des Horizonts, Reise, Lebendigkeit, Unternehmungslust, gute Gelegenheit

Herausforderungen

– Unvorsichtigkeit, gefährliche Situationen, Unruhe, Mutprobe

Das Abenteuer ruft!

EIN IMPULS, ÜBER DICH HINAUSZUWACHSEN

Ritter der Stäbe

Kleine Arkana

Element Feuer

Astrologische Entsprechung

Sonne = Entschlossenheit

Ritter werden oft als ‚Reiter' oder ‚Krieger' betrachtet und repräsentieren archaische Energien. Sie verkörpern häufig die Energie oder Charakteristik eines jungen Erwachsenen und stehen für eine Atmosphäre, eine Stimmung, in der etwas stattfindet. Ritter symbolisieren Bewegung, Fortschritt, Entschlossenheit und Tatendrang, um Hindernisse zu überwinden und Ziele zu erreichen.

Der Ritter der Stäbe …

… steht für eine anregende, energiegeladene Atmosphäre, ist ansteckend und inspirierend und lädt ein zu neuen Abenteuern. Es herrscht eine Stimmung, die die Luft vor lauter Enthusiasmus und Heißblütigkeit scheinbar zum Vibrieren bringt. Der Stab Ritter weist auf Phasen voller Ungeduld und Lebendigkeit hin, die aber auch leicht in eine Phase von Zorn und Aggressivität umschlagen können. Auf der anderen Seite kann der Stab Ritter auch Schwung in so manch festgefahrene Situation bringen, sei es in unserem Alltag, Beruf oder in der Liebe.

Allgemeine Bedeutung

+ Initiative, Beschleunigung, Wärme, Wettkampf, Leidenschaft, Risikofreude, Ausdauer, Erlebnishunger, Begeisterung, Mut

Herausforderungen

– Hitzigkeit, Übereifer, Rebellion, Ausblenden von Risiken, Gier, Rücksichtslosigkeit, Wut, Jähzorn, Ungeduld

Sturm und Drang

EINE IMPULSIVE UND UNGESTÜME STIMMUNG

Königin der Stäbe

Kleine Arkana

Element Feuer | **weibliche Energie**

Astrologische Entsprechung

Sonne = Willenskraft & Charisma

Königinnen sind Hinweise auf eine reife Energie und repräsentieren Einfluss, Stärke und Weitsicht. Sie sind Expertinnen und Wissende auf ihrem Gebiet. Auch zeigen sie Persönlichkeitsmerkmale und Charakterzüge einer Frau oder stehen für eine andere weibliche Person aus deinem Umfeld oder für einen feminin wirkenden Menschen.

Die Königin der Stäbe …

… ist eine bestimmt auftretende, willensstarke Frau, die sich durchsetzen kann und selbstbestimmt durchs Leben geht. Mutig stellt sie sich allen Herausforderungen, ihre Ängste sind ihr Antrieb und ihr Stolz nährt ihren Mut und ihre Stärke. Sie ist aufgeschlossen dem Leben gegenüber, immer positiv und bejahend. Sie neigt schon mal zu Übertreibungen, ist großherzig und verschwenderisch und mag auch mal ausschweifende Vergnügungen, bis hin zu rauschhaften Zuständen in Liebe und Leben.

Allgemeine Bedeutung

+ Selbstbewusstsein, Temperament, Willenskraft, Eigenständigkeit, Unternehmerinnengeist, Energie, Selbstbestimmung, Mut, Gerechtigkeit, Freiheit, Unbefangenheit, Souveränität, Leidenschaft, Flexibilität, Lebendigkeit

Herausforderungen

– Eigenheiten, Streitlust, Autorität, Willkür, Voreiligkeit, Autonomie, Misstrauen, Drama, Fieberhaftigkeit, eigenmächtiges Handeln, Wildheit, Wendigkeit, Übereifrigkeit, Taktlosigkeit, bestimmendes Auftreten, Selbstüberschätzung, Ausschweifung

Sei die Heldin deines Lebens!

EINE STOLZE UND SELBSTBESTIMMTE FRAU

König der Stäbe

Kleine Arkana

Element Feuer | **männliche Energie** Souveränität

Astrologische Entsprechung

Jupiter/Sonne = Leidenschaft & Selbstvertrauen

Könige sind Hinweise auf eine reife Energie und repräsentieren Autorität, Stabilität und Kontrolle. Sie verkörpern eine gewisse Beherrschung oder Expertise in ihrem jeweiligen Bereich. Auch zeigen sie Persönlichkeitsmerkmale und Charakterzüge eines Mannes oder stehen für eine andere männliche Person aus deinem Umfeld oder für einen maskulin wirkenden Menschen.

Der Stab König ...

... steht für Gelassenheit und Souveränität und verkörpert auch einen Mann mit solchen Qualitäten, der zudem kraftvoll und zupackend Probleme löst. Der König der Stäbe zeigt Verantwortungsbewusstsein und Begeisterungsfähigkeit. Sein Enthusiasmus ist ansteckend. Er ist großmütig und freigiebig, manchmal wirkt er aber etwas großspurig. Der Stab König symbolisiert Führungsqualitäten und steht durch seine selbstbewusste Art öfters mal im Mittelpunkt. Die meisten schätzen und respektieren ihn, solange ihm seine Beliebtheit nicht über den Kopf wächst. In dem Fall kann er auch rücksichtslos und streng auf andere wirken.

Allgemeine Bedeutung

+ Selbstbewusstsein, Souveränität, Willensstärke, Eigenständigkeit, Unternehmergeist, Energie, Dynamik, Mut, Freiheit, Zielstrebigkeit, Leidenschaft, Lebendigkeit, Engagement, Begeisterung, Enthusiasmus, Fleiß, Intensivität, Herzblut, Temperament, Verantwortung, Gelassenheit

Herausforderungen

– Macht, Kontrolle, Hitzigkeit, Streitlust, Autorität, Willkür, Draufgängertum, Fanatismus, Strenge, Rücksichtslosigkeit, Intoleranz, Anmaßung, Arroganz, Egoismus, Wendigkeit, Übereifrigkeit, Taktlosigkeit, Selbstüberschätzung, Ausschweifung

Ich trage diese Krone, weil ich es kann!

EIN SOUVERÄNER UND SELBSTBEWUSSTER MANN

Ass der Münzen

Kleine Arkana

Element Erde

Astrologische Entsprechung Stier, Jungfrau & Steinbock

Glückskarte

Die Zahl Eins, das Ass, in den Kleinen Arkana steht für den Beginn einer neuen Phase. Sie zeigt die Entstehung von etwas Neuem an und gibt einen Hinweis auf eine Chance mit großem Potenzial, die es zu ergreifen gilt. Sie ist die höchste Zahl unter den Kleinen Arkana.

Das Ass der Münzen ...

... steht für den soliden Beginn eines Vorhabens und einen stabilen Ausgangspunkt. Was du auch immer geplant hast oder woran du augenblicklich arbeitest, es wird dir gut von der Hand gehen und sollte am Ende von Erfolg gekrönt sein. Das Münz Ass zeigt dir, dass du auch schwierige Aufgaben, die mit deiner Fragestellung verbunden sind, meistern wirst. Das Münz Ass ist auch eine der zwei Glückskarten in den Kleinen Arkana. Situationen, die von dieser Karte angezeigt werden, sei es in Alltag, Beruf oder Partnerschaft, werden von Glück und Dauer sein.

Allgemeine Bedeutung

+ Glück, materieller/finanzieller Zuwachs, Durchhaltevermögen, Beständigkeit, Erkenntniszuwachs, innerer und äußerer Reichtum, Schatz, Sicherheit, Lösung eines Problems, beglückende Erfahrung, Beginn, guter Anfang, solide Basis und Ausgangspunkt

Herausforderungen

– Zweifel, Unglaube, Unwille, eine Chance wahrzunehmen

DEN MUTIGEN GEHÖRT DIE WELT.

Das ist deine Zeit!

Zwei der Münzen

Kleine Arkana

Element Erde

Astrologische Entsprechung

Merkur = Anpassungsfähigkeit & Veränderlichkeit

Die Zahl Zwei in den Kleinen Arkana steht für die Dualität, das Konzept von Gegensätzen, Polaritäten und das Zusammenkommen zweier Kräfte wie Himmel und Erde, Geist und Materie. Dies kann sich auf Partnerschaften, Beziehungen oder die Vereinigung von Gegensätzen beziehen. Die Zwei möchte ein Gleichgewicht herstellen und kann auch für Zusammenarbeit stehen.

Die Zwei der Münzen …

… beschreibt einen Status, der dir die Freiheit gibt, entscheiden zu dürfen. Sie steht auch für Situationen, in denen du dich bewusst nicht festlegen willst, um frei zu bleiben. Vielleicht zeigst du dich den anderen wie ein Fähnchen im Wind, an anderer Stelle wird deine lockere Art und deine Fähigkeit, dich anzupassen, willkommen geheißen. Es ist nicht verkehrt, flexibel zu bleiben und seine Möglichkeiten zu überdenken. Vielleicht kannst du auch einfach etwas ausprobieren, ohne dich gleich festlegen zu müssen.

Allgemeine Bedeutung

+ mehrere Möglichkeiten, Unbefangenheit, Lockerheit, Schwerelosigkeit, Entscheidungsfindung, Überwinden von Schwierigkeiten, spielerische Leichtigkeit, Flexibilität, Entgegenkommen, Besonnenheit

Herausforderungen

– Zögerlichkeit, Wankelmut, Stehen zwischen zwei Stühlen, Unbekümmertheit, Hinausschieben, Standpunktlosigkeit, Leichtsinn

Eines Tages – nur nicht heute!

Drei der Münzen

Kleine Arkana

Element Erde

Astrologische Entsprechung Rückläufiger Saturn = Zeit des Übergangs & der Neuausrichtung

Die Drei im Tarot ist Ausdruck von Trinität. Sie weist auf das Gleichgewicht zwischen Körper, Geist und Seele hin. Sie symbolisiert auch Geselligkeit, Zusammenarbeit und Teamwork und ermutigt dazu, sich mit anderen zu verbinden, gemeinsame Ziele zu verfolgen und Unterstützung in der Gemeinschaft zu finden. Ebenso steht die Drei für Wachstum, Entwicklung und Fortschritt und zeigt die Fähigkeit auf, Ideen in die Welt zu bringen, sich anzupassen und Veränderungen anzunehmen.

Die Drei der Münzen ...

... steht für den Abschluss einer Entwicklungsphase oder Epoche. Sie kann auf eine Prüfung, Belastungsprobe oder einen Test hinweisen, der mit Erfolg bestanden wird. Vielleicht überlegst du auch nach langjähriger Beziehung nun mit deiner*m Partner*in zusammenzuziehen und das Ganze zu vertiefen.

In jedem Fall hast du eine wichtige Etappe geschafft, die dich dazu qualifiziert, nun den nächsten Schritt zu tun und deinen Weg konsequent weiterzugehen.

Allgemeine Bedeutung

\+ Entwicklung, höhere Erfahrungsstufe, Wachstum, Aufstieg, Bestehen einer Prüfung, Beförderung, Abschluss einer Lehre oder einer wichtigen Etappe in Alltag, Beruf oder Beziehung, Überwinden eines Tiefs, Erfolg, Erreichen eines Zwischenziels

Herausforderungen

– Ausruhen auf den Lorbeeren, Prahlerei, Selbstüberschätzung

Herausforderungen
SIND AUCH CHANCEN!

Vier der Münzen

Kleine Arkana

Element Erde

Astrologische Entsprechung

Skorpion = Skepsis & Festhalten

Die Zahl Vier in den Kleinen Arkana vermittelt Stabilität und Sicherheit, aber auch eine gewisse Unbeweglichkeit. Sie steht für Struktur, Strenge und Kontrolle und kann für Unterkühlung und Nüchternheit sorgen, die je nach Frage eine Notwendigkeit oder aber eine Herausforderung darstellen.

Die Vier der Münzen ...

... steht für Vorsicht und Skepsis gegenüber Unbekanntem und Neuem. Hier möchtest du möglichst alle Risiken ausschließen, bevor du den nächsten Schritt machst. Das kann gesund sein und dich vor falschen Entscheidungen schützen und ist immer dann hilfreich, wenn Situationen objektiv unüberschaubar und nicht kalkulierbar sind. Es wird ungesund, sobald man an Altem, vermeintlich Bewährtem festhält, das längst überholt ist. So bremst du dich selber aus und lässt dich blind werden für das Neue und Innovative, das dir vielleicht schon zur Verfügung steht.

Die Vier der Münzen lädt dich dazu ein, zu überprüfen, ob du aus Angst oder sachlicher Vernunft handelst.

Allgemeine Bedeutung

+ Sicherheitsbedürfnis, Unbeirrbarkeit, Schutz, Festhalten an Bewährtem, Beschränkung, Konzentration, Einigelung, Skepsis, Reserviertheit, Zurückhaltung, Einschränkung

Herausforderungen

– Scheuklappendenken, Klammern, Verbohrtheit, Starrsinn, Verlustängste, Habgier, Geiz, Angst vor Neuerungen, Einengung, Zwang, Befangenheit, Erstarrung, Abschottung, Ausgrenzung

Wer nie fällt, lernt nicht dazu!
ALBERTA

Fünf der Münzen

Kleine Arkana

Element Erde

Astrologische Entsprechung

Saturn = Begrenzungen & Einschränkungen,

Die Zahl Fünf in den Kleinen Arkana steht für Dynamik, Herausforderungen, Hindernisse, auch für Schwierigkeiten und Veränderung. Sie löst gern Chaos aus und zeigt manchmal innere oder äußere Konflikte an. Sie weist dich darauf hin, beweglich zu bleiben und aus Fehlern zu lernen. Die Fünf hilft dir, zu wachsen.

Die Fünf der Münzen ...

... steht für eine Zeit des Umbruchs und der Wandlung, die auch als Härtetest gesehen werden kann. Manchmal gibt es Phasen, in denen man scheinbar keinen Schritt weiterkommt, die sich anfühlen, als wenn nichts so richtig fruchtet. Dabei strengst du dich wirklich an, was aber irgendwie keiner so recht wahrnimmt. Die Münz Fünf weist auf eine Phase hin, in der du auf dich allein gestellt bist. Vielleicht soll das aber genau so sein, denn es geht um deine Entwicklung und Wandlung. An dieser aktuellen Situation sollst du wachsen und wichtige Erfahrungen machen.

Allgemeine Bedeutung

\+ Erfahrungszuwachs, inneres und äußeres Wachstum, Barriere, Härtetest, Bescheidenheit, Komplikationen, Hindernisse, Knappheit, Druck, Beschränkungen, Selbstverantwortung

Herausforderungen

– Ratlosigkeit, Kargheit, Notstand, Verwirrung, Krise, Drangsal, Bedürftigkeit, Versagensängste, Durststrecke, Wachstumskrise

IN DER BESCHRÄNKUNG ZEIGT SICH ERST DER MEISTER. Johann Wolfgang von Goethe

Sechs der Münzen

Kleine Arkana

Element Feuer

Astrologische Entsprechung

Waage = Balance & Harmonie

Die Zahl Sechs in den Kleinen Arkana repräsentiert eine Phase des Gleichgewichts, der Stabilität und des Übergangs. Sie steht für Harmonie, Zusammenarbeit, ebenso wie für Wachstum und Fortschritt. Manchmal ist sie auch als Einladung zu verstehen, dort für Versöhnung zu sorgen, wo Disharmonie herrscht.

Die Sechs der Münzen ...

... lädt dich dazu ein, andere zu unterstützen und ihnen den Rücken zu stärken. Sei es, indem du deiner Kollegin am Arbeitsplatz weiterhilfst oder die Sorgen einer Freundin teilst. Auch dann, wenn du selbst vielleicht nicht so viel Zeit hast oder die Sorgen zum x-ten mal hörst, sei tolerant und verständnisvoll! Vielleicht wird dir auch selbst benötigte Hilfe zuteil. So ist es ein stetes Geben und Nehmen, von dem alle profitieren. Die Sechs der Münzen erinnert uns auch an Karma und dass einseitige und egoistische Sichtweisen uns letztendlich nicht weiterbringen.

Allgemeine Bedeutung

+ Freigiebigkeit, Nachsicht, Teilen, Großmut, Mitgefühl, Toleranz, Verständnis, Milde, Vergebung, Freispruch, Offenheit, Belohnung, Unterstützung, Hilfsbereitschaft, Wohlstand, Fördern, Gefälligkeiten, Geben und Nehmen, Gleichgewicht

Herausforderungen

– Misswirtschaft, Verschwendungssucht, Übermaß, Schulden, Geldforderung, Ungleichgewicht, Disparität

GROßZÜGIGKEIT IST DAS WESEN DER FREUNDSCHAFT.

Oscar Wilde

Sieben der Münzen

Kleine Arkana

Element Erde

Astrologische Entsprechung

Jupiter/Saturn = Geduld & Wachstum

Die Zahl Sieben in den Kleinen Arkana steht für Reflexion, Suche nach Wahrheit und innere Entwicklung. Sie kann aber auch, je nach Element oder Position in der Legung, eine Phase der Unsicherheit anzeigen. Zudem gilt die Sieben in vielen Kulturen als Glückszahl oder magische Zahl und als Symbol für Vollkommenheit und göttliche Führung. Daher wird sie auch mit Spiritualität, Weisheit, Intuition und geistiger Erkenntnis in Zusammenhang gebracht. Herausfordernd kann die Zahl Sieben sein, wenn Intuition und rationales Denken nicht im Gleichgewicht sind. Umso wichtiger ist und bleibt hier die Selbstreflexion.

Die Sieben der Münzen ...

... erinnert dich daran, dass Qualität nicht durch Eile und viel Tun entsteht, sondern ihre Zeit braucht. Sie fordert dich auf, geduldig zu sein, die Dinge mit einer gewissen Gelassenheit zu betrachten und sorgfältig zu handeln, wenn es auch länger dauert. Das Endergebnis wird toll sein! Vielleicht musst du dich in Phasen der Ungeduld zurücknehmen, um dein Werk erst mal in Ruhe zu betrachten. Denn nur so sieht man, was man schon alles geschafft hat, und erkennt, wie man weitermachen kann oder ob man überhaupt weitermachen muss – ganz ohne blinden Aktionismus. Die Münz Sieben steht auch dafür, dass die Zeit für dich arbeitet. Alles wird gut – hab Geduld!

Allgemeine Bedeutung

+ Gelassenheit, Ruhe, Disziplin, Bedacht, Zurückhaltung, Ausgeglichenheit, Geduld, Langmut, Beständigkeit, Wachstum, gute Entwicklung, Warten auf die ‚Ernte'

Herausforderungen

– selbsterzeugter Stress, Anspannung, Unzufriedenheit, Apathie, Sturheit, Geduldsprobe, Voreiligkeit, Ungeduld

Was du säst, das wirst du ernten!

SPRICHWORT

Acht der Münzen

Kleine Arkana

Element Luft

Astrologische Entsprechung

Uranus = Innovation & Veränderung

Achtung! Die Acht im Tarot, insbesondere in den Kleinen Arkana, steht für kraftvolle Energie, Stärke, Macht und Erfolg. Eine liegende Acht, das alte Symbol der Lemniskate, steht für die Unendlichkeit. Deshalb wird die Acht auch mit einer ständigen Bewegung, einer unendlichen Schwingung in Verbindung gebracht.

Die Acht der Münzen ...

... weist auf eine Phase des Neuanfangs hin. Du hast schon viel gelernt und bist nun bereit für eine neue Stufe, wie eine Fortbildung oder ein Aufstieg im Beruf, das Zusammenziehen mit dem*der Partner*in in eine gemeinsame Wohnung oder Erfahrungserweiterungen und Weiterentwicklungen im privaten Bereich. Die Münz Acht zeigt in jedem Fall eine Art Aufbauarbeit an und erinnert an die solide Basis, die du bereits zuvor hierfür geschaffen hast. Sie steht auch dafür, dass man nie auslernt, sondern sich immer offen und bereit dafür zeigen soll, Erfahrungen und Wissen anzunehmen. Solche Lernprozesse führen zu erfreulichen Ergebnissen und zeugen von Weisheit.

Allgemeine Bedeutung

+ Erwerben von Wissen, Fortbildung, Aufstieg, Erhalten neuer Aufgaben, Antrieb, Kreativität, Engagement, Neustart, Schaffenslust, Begeisterung, Vorankommen

Herausforderungen

– Unreife, Selbstüberschätzung, fehlende Motivation, Desinteresse, Lustlosigkeit, Ungeduld

Start up!

FANG NIE AN AUFZUHÖREN, HÖR NIE AUF ANZUFANGEN.

Marcus Tullius Cicero

Neun der Münzen

Kleine Arkana

Element Erde

Astrologische Entsprechung

Sonne/Jupiter = Erfolg & Expansion

Die Neun bedeutet Abschluss und Erfüllung und dass nun viel hinter dir liegt. Auch steht die Neun für Stabiliät, Verantwortungsbewusstsein und große Ziele. In schwierigen Zusammenhängen kann sie auch ein Hinweis auf übertriebenen Ehrgeiz, selbstzerstörerischen Perfektionismus, Enttäuschung oder Unzufriedenheit sein.

Die Neun der Münzen ...

... kündigt ein Gelingen, einen Erfolg oder Zugewinn an, mit dem du nicht wirklich gerechnet hast. Vielleicht bist du auch positiv überrascht über eine Begegnung oder ein Ereignis im privaten Bereich. Es kann auch sein, dass sich eine Situation plötzlich bessert oder sich etwas zu deinen Gunsten wandelt. Oder du erlebst ganz unerwartet etwas als Bereicherung. Die Münz Neun lädt dich dazu ein, dein Glück zu wagen, an dich zu glauben und dein Licht nicht länger unter den Scheffel zu stellen. Öffne dich! Die Wunden dürfen heilen und du darfst endlich leuchten.

Allgemeine Bedeutung

\+ große Chance, Glück, unerwarteter Erfolg, innere Bereicherung, plötzliche Erkenntnis, Durchbruch, positives Aha-Erlebnis, Gewinn, Beliebtheit, Triumph, günstige bis optimale Gelegenheit, Anerkennung, Erfüllung, Renaissance, Aufleben

Herausforderungen

– falsche Bescheidenheit, Gewinngier

WO EIN BEGEISTERTER STEHT, IST DER GIPFEL DER WELT.

Joseph von Eichendorff

Zehn der Münzen

Kleine Arkana

Element Erde

Astrologische Entsprechung

Jupiter = Fülle & Reichtum

Die Zahl Zehn steht für das Ende oder die Gesamtheit einer Dekade und damit auch für Vollständigkeit, Fülle, Sicherheit und Abschluss. Zudem weist sie bereits auf einen Neubeginn hin. Symbolisch stellt die Zehn die mystische Rückkehr zur Einheit dar. Sie symbolisiert das Allumschließende, Gesetz und Ordnung.

Die Zehn der Münzen …

… zeigt dir, dass du etwas erfolgreich abgeschlossen und viel erreicht hast. Dein persönlicher Erfolg trägt zum Wohle aller bei und du hast allen Grund, stolz auf das Erreichte zu sein. Die Münz Zehn weist aber auch darauf hin, dass dein Ehrgeiz und Eifer dazu führen können, deine inneren Beweggründe und Wünsche zu vernachlässigen. Vor lauter Geschäftigkeit, Verpflichtungen und Besitzstreben verlierst du leicht den Blick für das Wesentliche. Der richtige Umgang mit Macht und Erfolg liegt in der Ausgeglichenheit zwischen Freizeit und Geschäft oder Beruf. Denn es gibt Menschen um dich herum, die dich lieben und brauchen, die Gemeinsamkeit mit dir genießen und immer bereit sind, dir den Rücken zu stärken.

Allgemeine Bedeutung

\+ Familie, Freundeskreis, Kollegium, Zusammenhalt, Fülle der Möglichkeiten und Chancen, Erfüllung, Besitz, innerer und äußerer Reichtum, Sicherheit, Stabilität, solide Basis, Herzlichkeit, Zugewandtheit, Wertschätzung, Aufmerksamkeit, erfolgreicher Abschluss, materieller Erfolg, Unbeschwertheit, Gemeinschaftssinn, Ahnenschaft, profitables Bündnis, sicherer Hafen, Zuversicht

Herausforderungen

– beengte Sichtweise, Klüngel, Pflichtgefühl, Pakt, Prinzipien, Übereifer, Routine, Sicherheitsdenken, Macht

JE VOLLSTÄNDIGER MAN EIN INDIVIDUUM LIEBEN ODER BILDEN KANN, JE MEHR HARMONIE FINDET MAN IN DER WELT: JE MEHR MAN VON DER ORGANISATION DES UNIVERSUMS VERSTEHT, JE REICHER, UNENDLICHER UND WELTÄHNLICHER WIRD UNS JEDER GEGENSTAND.

Friedrich Schlegel

Bube der Münzen

Kleine Arkana

Element Erde

Astrologische Entsprechung

Venus in Stier = werthaltige Chance

Die Buben im Tarot werden auch als ‚Seiten' bezeichnet und repräsentieren oft kindliche, jugendliche Energien oder Charaktere. Sie können auch als Boten oder Botschafter angesehen werden. Sie sind eine Art Übermittler von Nachrichten und kündigen Veränderungen an, die häufig als Geschenk wahrgenommen werden. Sie bringen frische Perspektiven, Möglichkeiten und Impulse und weisen auf neue Entwicklungen oder Ereignisse hin.

Der Bube der Münzen ...

... zeigt dir an, dass in der befragten Angelegenheit oder in deiner jetzigen Situation eine handfeste Chance liegt, dein Vorhaben erfolgreich in die Tat umzusetzen. Du erhältst ein werthaltiges Angebot von außen, das den Alltag, die Beziehung oder den Job betreffen kann. Es ist die Gelegenheit, einen lang gehegten Wunsch zu verwirklichen. Du wirst hierbei Hilfe, Bestätigung und Unterstützung erhalten.

Allgemeine Bedeutung

+ werthaltiger Impuls, gute Gelegenheit, konkreter Vorschlag, Hilfe und Unterstützung, wertvolle Erfahrung, gutes Angebot, Initiative, Beständigkeit, verlässliche Beziehung, Bestätigung

Herausforderungen

– Abwarten, Zögern, Bestechlichkeit, Übersehen solider Angebote

Motivation zum Erfolg – EIN WERTVOLLES ANGEBOT

Ritter der Münzen

Kleine Arkana

Element Erde

Astrologische Entsprechung

Jupiter im Stier = Beständigkeit

Ritter werden oft als ‚Reiter' oder ‚Krieger' betrachtet und repräsentieren archaische Energien. Sie verkörpern häufig die Energie oder Charakteristik eines jungen Erwachsenen und stehen für eine Atmosphäre, eine Stimmung, in der etwas stattfindet. Ritter symbolisieren Bewegung, Fortschritt, Entschlossenheit und Tatendrang, um Hindernisse zu überwinden und Ziele zu erreichen.

Der Ritter der Münzen …

… bringt eine Atmosphäre der Gelassenheit, Ausdauer und Beharrlichkeit mit sich, in der sich durchdachte Pläne schmieden lassen und schwierige Aufgaben mit Fleiß gelöst werden können. Der Münz Ritter sorgt für den nötigen Realitätssinn und die Fokussiertheit, um ein kompliziertes Vorhaben in die Tat umsetzen zu können. Er verkörpert Bodenständigkeit und verbreitet eine gediegene Stimmung. Auch steht der Ritter der Münzen für beständige Werte und Verlässlichkeit. Situationen, Verbindungen oder Gelegenheiten, die von dem Ritter der Münzen angezeigt werden, sind lukrativ und lohnenswert. Trotzdem solltest du dich nicht durch Außenstehende beirren lassen, konzentriert bei der Sache sein und dein Vorhaben auf seine Machbarkeit überprüfen. Jetzt ist die beste Zeit dafür.

Allgemeine Bedeutung

+ Besonnenheit, Überblick, Realismus, Aufmerksamkeit, Fleiß, Ausdauer, Belastbarkeit, Kreativität, Klarheit, Unbeirrbarkeit, Gemeinschaftssinn, Geborgenheit, Beständigkeit, Sicherheit, Pflichtbewusstsein, Konsequenzbewusstsein, Gediegenheit

Herausforderungen

– Unbeweglichkeit, Sturheit, Phlegmatismus, Dickfelligkeit, Rückständigkeit, Einseitigkeit, übertriebenes Sicherheitsbedürfnis, Härte

Ausdauer und Stärke – EINE SOLIDE BASIS

Königin der Münzen

Kleine Arkana

Element Erde | **weibliche Energie** Fruchtbarkeit

Astrologische Entsprechung

Mond in Stier = Bodenhaftung & Familiensinn

Königinnen sind Hinweise auf eine reife Energie und repräsentieren Einfluss, Stärke und Weitsicht. Sie sind Expertinnen und Wissende auf ihrem Gebiet. Auch zeigen sie Persönlichkeitsmerkmale und Charakterzüge einer Frau oder stehen für eine andere weibliche Person aus deinem Umfeld oder für einen feminin wirkenden Menschen.

Die Königin der Münzen ...

... steht für eine warmherzige und bodenständige Frau. Sie ist sinnlich, lebensbejahend und liebt es, kreativ zu sein. Sie genießt die schönen Dinge des Lebens und hat auch einen Sinn für Familie. Auf sie ist Verlass, denn sie kennt das Machbare und hat die Beharrlichkeit, um ihre Fähigkeiten unter Beweis zu stellen. Sie weist darauf hin, dass das, was du anfasst, Hand und Fuß haben wird, solange du besonnen vorgehst und realistische Vorstellungen von deinem Vorhaben hast. Die Münz Königin rät dir, dich nicht von deinem Plan abbringen zu lassen, unbeirrbar deinen Weg zu gehen und dich keinem unnötigen Druck von außen auszusetzen. Es sei denn, du hast noch keine klaren Vorstellungen von deinem nächsten Schritt, dann solltest du deine Haltung überprüfen und erst mal einen Plan schmieden. In der Ruhe liegt die Kraft. Bleib dran an der Sache!

Allgemeine Bedeutung

\+ Unbeirrbarkeit, Zielstrebigkeit, Verlässlichkeit, Bodenständigkeit, Belastbarkeit, Fruchtbarkeit, Sinnlichkeit, Herzlichkeit, Treue, Pragmatismus, Besonnenheit, Realismus, Courage, Klarheit, Familiensinn, Geborgenheit, Wirklichkeitsnähe

Herausforderungen

– Trägheit, Nüchternheit, Sprödheit, Herbheit, Vorsicht, Genusssucht

Beständigkeit und Edelmut

EINE INSTINKTSICHERE UND SINNLICHE FRAU

König der Münzen

Kleine Arkana

Element Erde | **männliche Energie** Besitzstreben

Astrologische Entsprechung

Sonne in Stier = Leidenschaft, Realitätssinn und Pragmatik

Könige sind Hinweise auf eine reife Energie und repräsentieren Autorität, Stabilität und Kontrolle. Sie verkörpern eine gewisse Beherrschung oder Expertise in ihrem jeweiligen Bereich. Auch zeigen sie Persönlichkeitsmerkmale und Charakterzüge eines Mannes oder stehen für eine andere männliche Person aus deinem Umfeld oder für einen maskulin wirkenden Menschen.

Der Münz König ...

... steht für einen kompetenten und zuverlässigen Mann. Er liebt das Leben, ist ein Genussmensch und auch lustvollen Momenten gegenüber nicht abgeneigt. Zudem ist er zielstrebig und definitiv ein Macher. Er ist kein Mann der großen Worte, er packt an. Auf ihn ist unbedingt Verlass und ihm sind Werte wie Beständigkeit, Dauer, Besitz und Sicherheit wichtig. Er hält nichts von leeren Worten. Der König der Münzen verkörpert einen feinen Instinkt für das Machbare und den richtigen Zeitpunkt, Vorhaben in die Tat umzusetzen. Der Münz König erinnert dich daran, dass sich dein Vorhaben mit Ausdauer und Fleiß in die Tat umsetzen lässt und du beharrlich sein sollst. Lippenbekenntnisse oder gute Absichten allein reichen hierfür nicht. Das gilt für die befragte Situation und auch für deine Beziehungen und beruflichen Verbindungen.

Allgemeine Bedeutung

+ Herzlichkeit, Tüchtigkeit, Ausdauer, Ambitioniertheit, Glaubwürdigkeit, Authentizität, Zielorientiertheit, Genuss, Leidenschaft, Ehrlichkeit, Sachbezogenheit, Haltung und Würde, Mut, Sorgsamkeit, Beharrlichkeit, Eindeutigkeit

Herausforderungen

– Bequemlichkeit, Rigorosität, Sturheit, Autorität, Kalkül, Schwerfälligkeit, Gier, Wollust

Selbstsicherheit und Noblesse

EIN GENIEßERISCHER UND ERFOLGREICHER MANN

Magical Memo

KOPIERVORLAGE FÜR DEINE LEGUNGEN

DREIER-LEGUNG

2 1 3

1.

2.

3.

DATUM

KLEINES KREUZ

3

1 2

4

1.

2.

3.

4.

DATUM

Kopfleer?

SCHREIB'S AUF!

ZWEIER-LEGUNG

DATUM

1 2

1.

2.

PARTNERSCHAFT

DATUM

7 2

6 1 3

5 4

1.

2.

3.

4.

5.

6.

7.